Bevölkerungsschutz als Herausforderung an das Völkerrecht,
das Verfassungsrecht und das Verwaltungsrecht

BOCHUMER SCHRIFTEN
zur **FRIEDENSSICHERUNG** und
zum **HUMANITÄREN VÖLKERRECHT**

Herausgegeben von
Prof. Dr. Hans-Joachim Heintze
Prof. Dr. Pierre Thielbörger

Begründet von
Prof. Dr. Horst Fischer
Prof. Dr. Dr. h.c. mult. Knut Ipsen
Prof. Dr. Joachim Wolf

www.steiner-verlag.de/brand/Bochumer-Schriften

Pierre Thielbörger und Sascha Rolf Lüder (Hg.)

Bevölkerungsschutz als Herausforderung an das Völkerrecht, das Verfassungsrecht und das Verwaltungsrecht

Berliner
Wissenschafts-Verlag

Bibliografische Information der Deutschen Nationalbibliothek:
Die Deutsche Nationalbibliothek verzeichnet diese Publikation in der Deutschen
Nationalbibliografie; detaillierte bibliografische Daten sind im Internet über
dnb.d-nb.de abrufbar.

© Berliner Wissenschafts-Verlag, 2025
Ein Imprint der Franz Steiner Verlag GmbH, Stuttgart
www.steiner-verlag.de
Layout und Herstellung durch den Verlag
Satz: die Setzerin | Edna Weiß, Berlin
Druck: docupoint, Magdeburg
Gedruckt auf säurefreiem, alterungsbeständigem Papier.
Printed in Germany.

ISBN Print   978-3-8305-5624-4
ISBN E-Book   978-3-8305-5625-1
DOI   10.35998/9783830556251

Vorwort

Pandemien, (klimawandelbedingte) Naturkatastrophen, bewaffnete Konflikte und Terroranschläge sind nur einige Beispiele für Ursachen von Notsituationen. In Deutschland rückte insbesondere nach der Hochwasserkatastrophe 2021 die Frage in den Vordergrund, wie die Sicherheit von Bürger:innen in Krisen- und Katastrophenfällen gewährleisten werden und effektiver Bevölkerungsschutz in der Praxis aussehen kann.

Der Schutz vor Gefahren und die Wiederherstellung von sicheren Verhältnissen ist Kernaufgabe des Staates. Aber welche Instanz ist in welchen Situationen zuständig für Fragen des Bevölkerungsschutzes, und wie können Bund, Länder und Kommunen in Deutschland insgesamt zum Bevölkerungsschutz beitragen? Doch nicht nur auf nationaler, sondern auch auf internationaler Ebene stellt der Bevölkerungsschutz uns vor Herausforderungen, so etwa in vielen Teilbereichen des Völker- und Unionsrechts. Darüber hinaus stellt sich die Frage, welche Bedarfe sich in Krisen- und Katastrophenfällen ergeben und welche Möglichkeiten verschiedene Akteure in der Praxis haben, um diesen effektiv zu begegnen.

In der Koalitionsvereinbarung zur Bildung einer Landesregierung in Nordrhein-Westfalen vom 27. Juni 2022 wird die Stärkung des Bevölkerungsschutzes als ein Schwerpunkt der Innenpolitik in dieser Wahlperiode des Landtages genannt. Das Gesetz über den Brandschutz, die Hilfeleistung und den Katastrophenschutz soll novelliert und dabei für eine breite Mehrheit in den demokratischen Fraktionen des Landtages geworben werden.

Das anstehende Gesetzesvorhaben war für das Institut für Friedenssicherungsrecht und Humanitäres Völkerrecht (IFHV) der Ruhr-Universität Bochum (RUB) Anlass, seine dritte Konferenz von Hochschullehrer:innen, Nachwuchswissenschaftler:innen und Praktiker:innen aus dem landespolitischen Raum am 26. September 2023 zu diesem Thema zusammen zu bringen, wiederum in hybrider Form.

Seiner Gründungsidee entsprechend verfolgte das IFHV auch mit dieser Konferenz wieder das Ziel, die Brücke zwischen Wissenschaft und Praxis zu schlagen: in diesem Fall also, die auf wissenschaftlicher Ebene gewonnenen Erkenntnisse über Rechtsfragen des Bevölkerungsschutzes für die Rechtsgestaltung auf landespolitischer Ebene in Nordrhein-Westfalen nutzbar zu machen. Wie bereits bei den Veranstaltungen des Instituts zum Pandemierecht 2021 und zum Ukraine-Konflikt ein Jahr später bot die Konferenz am 26. September 2023 ein wichtiges Forum für die Reflexion über das Thema Bevölkerungsschutz aus vielfältigen Perspektiven. Dass bei der Konferenz neben Vertreter:innen aus Staat und Institutionen auch Wissenschaftler:innen zu Wort kamen, steigert den Wert einer solchen Reflexion.

Bochum/Düsseldorf, im August 2024

Professor Dr. Pierre Thielbörger, M.P.P. (Harvard)
Dr. Sascha Rolf Lüder

Inhaltsverzeichnis

A. Bevölkerungsschutz im internationalen Recht

Bevölkerungsschutz als Herausforderung an das Völkerrecht

Rouven Diekjobst

1 Einleitung

Katastrophen sind allgegenwärtig. Ein ‚Katastrophenjahr' jagt das nächste, die Auswirkungen des Klimawandels werden zunehmend deutlicher und spürbarer und auch bewaffnete Konflikte scheinen in Anzahl und Ausmaß wieder zuzunehmen.[1] Vor diesem Hintergrund drängt sich die Frage, wie das Völkerrecht die betroffenen Bevölkerungen schützt, geradezu auf. Bei näherer Betrachtung wird aber deutlich, dass das Thema ‚Bevölkerungsschutz' kein traditionelles völkerrechtliches Anliegen ist und das Völkerrecht vor einige Herausforderungen stellt.

Diese Herausforderungen werden im folgenden Beitrag dargestellt. Eingangs erfolgt ein kurzer Überblick über das historische Verhältnis von Bevölkerungsschutz und Völkerrecht (2.), bevor der Beitrag in einem zweiten Schritt die aktuellen völkerrechtlichen Regelungen zum Bevölkerungsschutz darstellt. Dabei wird zwischen der Katastrophenvorsorge (3.) und der Katastrophennachsorge (4.) differenziert. Indem der Beitrag einen Überblick über den Bevölkerungsschutz im Völkerrecht gibt und keine Detailprobleme erörtert, kann abschließend ein allgemeines Fazit gezogen werden (5.). Dieser Herangehensweise entsprechend liegt dem Beitrag ein weites Verständnis von Bevölkerungsschutz zugrunde, das zwar zwischen menschgemachten und Naturkatastrophen unterscheidet, aber beide Katastrophenfälle erfasst; dementsprechend wird teilweise auch „Katastrophenschutz" als Oberbegriff verwendet.[2] Dies erscheint vor dem Hintergrund der gleichen Interessenlage (die Bevölkerung ist jeweils schutzbedürftig) und der teilweise unmöglichen Grenzziehung zwischen menschgemachten und Naturkatastrophen gerechtfertigt. Der Beitrag kommt zu dem Ergebnis, dass die völkerrechtliche Regelung des Katastrophenschutzes sehr fragmentiert und rudimentär ist und sich vor allem durch einen Mangel an verbindlichen Normen auszeichnet; gleichwohl ist eine stärkere Institutionalisierung und Internationalisierung des Bevölkerungsschutzes zu bemerken.

---

1   Vgl. auch die Erhebungen des IFHV im Weltrisikoindex: D. Weller, Der Weltrisikoindex 2023, in: Bündnis Entwicklung Hilft/IFHV (Hrsg.), WeltRisikoBericht 2023, Berlin 2023, S. 39.

2   Anders A.-K. Hübler, Staatliche Verhaltenspflichten im völkerrechtlichen Katastrophenfall, Berlin 2017, S. 87, die jedenfalls im Ausgangspunkt für eine Beschränkung auf Naturkatastrophen plädiert.

2 Bevölkerungsschutz als völkerrechtliche Aufgabe

Anders als die Bezeichnung „Völkerrecht" suggerieren mag, war das Völkerrecht traditionell fast ausschließlich an Staaten interessiert; was innerhalb eines Staates – und damit mit Bevölkerungen – geschah, war schlicht keine völkerrechtliche Angelegenheit.[3] Für das heutige Verständnis des Bevölkerungsschutzes im Völkerrecht ist es daher wichtig, sich dessen Anfänge vor Augen zu führen. Im Folgenden werden diese Anfänge kurz nachgezeichnet, vor allem im Hinblick auf den Schutz von Bevölkerungen vor Staaten (2.1.), aber auch hinsichtlich des Schutzes von Bevölkerungen durch Staaten (2.2.).

2.1 Schutz der Zivilbevölkerung vor Staaten

Der Beginn des modernen Völkerrechts wird für gewöhnlich auf das Jahr 1648, genauer auf den Abschluss des sog. Westfälischen Friedens, datiert.[4] Wenngleich die Bekräftigung der staatlichen Souveränität im Vordergrund stand, enthalten die Verträge auch Vorschriften zum Schutz religiöser Minderheiten[5] und damit einen ersten Ansatz des Schutzes von individuellen Rechten und Bevölkerungsgruppen auf der internationalen Ebene. Auch die im 19. Jahrhundert einsetzende Individualisierung und Humanisierung des Völkerrechts begann mit Schutzvorschriften zugunsten religiöser und ethnischer Minderheiten.[6] Ebenfalls in diese Zeit fällt die Gründung des Internationalen Komitees vom Roten Kreuz 1863 sowie die erste Genfer Konvention von 1864,[7] die einige Vorschriften zum Schutz (bestimmter) Zivilpersonen enthielt. Diese waren allerdings an sehr bestimmte Voraussetzungen geknüpft und schützten nicht etwa die (Zivil-)Bevölkerung allgemein.[8] Etwas umfassender waren sodann die Regelungen der Haager

---

3   Vgl. M. Shaw, International Law, 9. Aufl., Cambridge 2021, S. 244, der als frühe Ausnahmen vor allem Sklaverei und Piraterie identifiziert; ebenso E. Riedel/J.-M. Arend, Article 55(c), in: Simma et al. Hrsg.), The United Nations Charter: A Commentary, 3. Aufl., Oxford 2012, Rn. 2.

4   Vgl. nur J. A. Kämmerer, Begriff und Geltung des Völkerrechts, in: A. Proelß (Hrsg.), Völkerrecht, 9. Aufl., Berlin 2024.

5   Friedensvertrag von Osnabrück vom 24.10.1648, Art. V; vgl. auch G. Mandal, The Recognition of Minority Rights in International Law: A Historical Review, in: ELCOP Journal of Human Rights (1) (2023), S. 55, 59.

6   G. Mandal, a. a. O. (Fn. 5), S. 59 ff.

7   Abkommen betreffend die Linderung des Loses der im Felddienst verwundeten Militärpersonen, 22.08.1864, RGBl. 1907, S. 303.

8   In ihrem Art. 5 etwa enthielt die Konvention eine Vorschrift zum Schutz von Zivilpersonen, die die Pflege von verwundeten Kombattanten übernehmen oder ihnen Unterkunft gewähren.

Landkriegsordnung[9], die insbesondere Vorschriften zum Schutz der Bevölkerung besetzter Gebiete enthielt.

Ein weiterer Schritt hin zu mehr Bevölkerungsschutz ließ sich Anfang des 20. Jahrhunderts beobachten, als vor allem der Völkerbund den Minderheitenschutz als internationale Aufgabe begriff und eine Vielzahl entsprechender Verträge mit einzelnen Mitgliedsstaaten abschloss.[10] Obwohl dies als ein Schritt hin zu völkerrechtlichem Schutz von Bevölkerungen anzuerkennen ist, ist es wichtig, sich die begrenzte Geltung und den Ausnahmecharakter dieser Regelungen vor Augen zu führen: Geschützt waren „fremde" Staatsbürger, nicht die Bevölkerung eines Staates gegenüber dem eigenen Staat und erst recht nicht die Bevölkerung allgemein. Grob in diese Zeit fallen die Völkermorde Deutschlands an den Herero und Nama sowie des Osmanischen Reichs an den Armeniern, der – bemerkenswerterweise – von der *Triple Entente* als „crimes [...] against humanity and civilisation" kritisiert wurde;[11] dies dürfte der erste (offizielle) Verweis auf das Konzept der Verbrechen gegen die Menschlichkeit sein, das erst einige Jahrzehnte später Einzug in das Völker(straf)recht fand.[12] Diese weitere Entwicklung nahm das Völkerrecht als Reaktion auf die Gräueltaten sowohl gegenüber der eigenen als auch fremden Bevölkerungen vor und während des Zweiten Weltkrieges. Dessen Ende läutete sodann die Entwicklung zum heutigen System des Bevölkerungsschutzes ein, insbesondere durch die Genfer Konventionen von 1949 und den Beginn des modernen Menschenrechtsschutzes und Völkerstrafrechts. In den Genfer Konventionen und den beiden Menschenrechtspakten von 1966[13] findet sich auch der Begriff der Bevölkerung bzw. Zivilbevölkerung, die hier zum ersten Mal originären völkerrechtlichen Schutz erfährt.

2.2 Schutz der Zivilbevölkerung durch Staaten

Die Idee, dass Staaten die eigene Bevölkerung beschützen müssen, ist nicht neu; die Gewährung von Sicherheit ist vielmehr *raison d'être* und oberste Aufgabe jeden Staa-

---

9 Abkommen betreffend die Gesetze und Gebräuche des Landkriegs, 18.10.1907, RGBl. 1910, S. 107.

10 Vgl. M. Shaw, a. a. O. (Fn. 3), S. 245, 261. Siehe etwa Art. 22 der Satzung des Völkerbundes vom 18. April 1919 sowie die Verträge des Völkerbundes mit Armenien, Griechenland, Jugoslawien, Polen, Rumänien, der Tschechoslowakei und Ungarn.

11 *Note verbale* Frankreichs, Russlands und des Vereinigten Königreichs an das Osmanische Reich, 24. Mai 1915, verfügbar unter https://www.armenian-genocide.org/Affirmation.160/current_category.7/ affirmation_ detail.html (abgerufen am 12.03.2024).

12 Zuerst im Statut des Internationalen Militärgerichtshofs, errichtet durch das Londoner Viermächte-Abkommen, 08.08.1945, 82 UNTS 273.

13 Internationaler Pakt über bürgerliche und politische Rechte, 16.12.1966, 999 UNTS 171 und Internationaler Pakt über ökonomische, soziale und kulturelle Rechte, 19.12.1966, 993 UNTS 3.

tes.[14] Gleichwohl bedeutet dies nicht, dass eine entsprechende Pflicht, die Bevölkerung zu schützen, auch völkerrechtlich immer anerkannt war. Zwar beanspruchten einige Staaten für sich bereits seit dem 16. Jahrhundert ein Recht zur humanitären Intervention, wenn die Zivilbevölkerung in anderen Staaten großem Leid ausgesetzt war;[15] dies lässt aber weder auf eine Rechtspflicht zur Intervention noch auf eine originäre völkerrechtliche Verpflichtung der anderen Staaten schließen, ihre Bevölkerung besser zu versorgen oder zu behandeln. Ein scheinbarer Meilenstein war sodann die Gründung des Welthilfsverbandes,[16] der mit der Prävention von Katastrophen sowie der Koordination der internationalen Unterstützung in Katastrophenfällen betraut sein sollte. Der Welthilfsverband nahm seine Arbeit 1932 auf, konnte allerdings – wohl auch aufgrund des zweiten Weltkrieges – keinen Beitrag zum völkerrechtlichen Bevölkerungsschutz leisten und wurde schließlich 1968 komplett aufgelöst.[17] Der Welthilfsverband kann dementsprechend nicht als Erfolg gesehen werden, demonstriert aber ein steigendes internationales Bewusstsein für den Bevölkerungsschutz. Dieses manifestierte sich auch im Erstarken der Menschenrechte,[18] die nicht nur Abwehrrechte gegen den Staat bilden, sondern den Staat auch zum Schutz der Menschen(rechte) gegen nichtstaatliche Gefahren verpflichten, etwa durch Naturkatastrophen oder andere Akteure.[19] Schließlich hat Anfang des 21. Jahrhunderts die internationale Gemeinschaft ihre Schutzverantwortung anerkannt, schwerste Menschenrechtsverletzungen in allen Staaten zu verhindern.[20] Der Beginn des 21. Jahrhunderts markiert ebenfalls den Beginn einer stärkeren Institutionalisierung und Kodifikation des völkerrechtlichen Bevölkerungsschutzes, auf die unten näher eingegangen wird.[21]

---

14 Vgl. O. Depenhauer, Art. 87a, in: T. Maunz/G. Dürig (Hrsg.), Grundgesetz Kommentar, München, Stand Februar 2024, Rn. 1 ff. („Die Staatsaufgabe ‚Sicherheit' ist genuine Staatsaufgabe und damit Verfassungsvoraussetzung.").

15 O. Hathaway/S. Shapiro, The Internationalists, Penguin 2017, S. 42 f.; O. Hathaway et al., War Manifestos, in: The University of Chicago Law Review (85) (2018), S. 1139.

16 Convention and Statute Establishing an International Relief Union, 12.07.1927, 135 LNTS 247. Auch Deutschland war Mitgliedsstaat, siehe die Bekanntmachung im Reichsgesetzblatt vom 02.07.1929, RGBl 1929, S. 529.

17 D. Fidler, Disaster Relief and Governance After the Indian Ocean Tsunami: What Role for International Law?, in: Melbourne Journal of International Law (6) (2005), S. 458, S. 463 f.; A.-K. Hübler, a. a. O. (Fn. 2), S. 45 f.

18 Zur Bedeutung von Menschenrechten für den Bevölkerungsschutz siehe den Beitrag von V. Bliecke/D. Yaman in diesem Buch.

19 Zu den Dimensionen der Menschenrechte siehe unten 2.2 und generell Office of the United Nations High Commissioner for Human Rights (OHCHR), Guiding Principles on Business and Human Rights, HR/PUB/11/04, Genf 2009, S. 3.

20 United Nations General Assembly (UNGA), World Summit Outcome Declaration, 24.10.2005, A/RES/60/1, Rn. 138 ff.

21 Vgl. auch A.-K. Hübler, a. a. O. (Fn. 2), S. 76 ff.

2.3 Fazit

Bevölkerungsschutz entwickelte sich nur langsam als völkerrechtliche Aufgabe. Als Anfänge lassen sich insoweit der Schutz von ethnischen oder religiösen Minderheiten identifizieren. Dabei fällt vor allem auf, dass zunächst der Schutz vor dem Staat und vor menschgemachten Katastrophen im Vordergrund stand. In diesem Bereich setzten sodann einige Entwicklung ein, insbesondere motiviert durch das Leid der Zivilbevölkerungen unter den Kriegen, Genoziden und sonstigen Gräueltaten des 20. Jahrhunderts. In den Genfer Konventionen von 1949 und den folgenden Menschenrechtsverträgen wird zum ersten Mal völkerrechtlich die Zivilbevölkerung als solche geschützt. Wenngleich der erste Versuch einer umfassenden Internationalisierung und Institutionalisierung des Bevölkerungsschutzes in Form des Welthilfsverbandes scheiterte, markiert das 20. Jahrhundert doch den Beginn des modernen völkerrechtlichen Bevölkerungsschutzes, der im Folgenden näher untersucht wird.

3 Katastrophenvorsorge im Völkerrecht

Zunächst zur Katastrophenvorsorge, also der Prävention von Katastrophen und ihrer Auswirkungen: Das Völkerrecht enthält an mehreren Stellen Schutzvorschriften, die darauf abzielen, bereits das Eintreten von Katastrophen zu verhindern; hierzu zählen etwa die Regelungen zur Einhegung der Kriegsführung, insbesondere das *ius ad bellum* (3.1). Naturkatastrophen lassen sich allerdings nicht verbieten, sodass in dieser Hinsicht Vorbereitung und Anpassung im Vordergrund stehen (3.2). Schließlich kann Katastrophenvorsorge auch durch Internationalisierung und Prozeduralisierung stattfinden, was sich insbesondere im Recht der Atomenergie und im internationalen Gesundheitsrecht zeigt (3.3).

3.1 Krieg & Kriegsführung

Das moderne Völkerrecht ist eine Friedensordnung, oder strebt diesen Status jedenfalls an. Diese Wendung zum Frieden und zur Ächtung des Krieges erklärt sich vor allem vor dem Hintergrund des zunehmenden Leidens der (Zivil-)Bevölkerungen unter den Kriegen des 20. Jahrhunderts.[22] Insofern liegt dem völkerrechtlichen Gewaltverbot – und damit einem, wenn nicht dem Eckpfeiler des modernen Völkerrechts[23] – der Gedanke des Bevölkerungsschutzes zugrunde. Dies zeigt sich besonders deutlich an der

---

22 H.-J. Heintze, Frieden und Völkerrecht, in: Gießmann/Rinke (Hrsg.), Handbuch Frieden, Wiesbaden 2011, S. 600 ff.

23 Vgl. Internationaler Gerichtshof (IGH), Armed Activities on the Territory of the Congo (Democratic Republic of the Congo v. Uganda), 19.12.2005, I. C. J. Reports 2005, S. 168, 223 („The prohibition against the use of force is a cornerstone of the United Nations Charter.").

Präambel der Vereinten Nationen, deren Mitgliedsstaaten es sich zum Zweck gemacht haben, zukünftige Generationen vor „der Geißel des Krieges zu bewahren".[24] Gleichwohl erkennt das Völkerrecht den Krieg als ein Faktum an und reguliert die Mittel und Methoden der Kriegsführung im humanitären Völkerrecht, das seinerseits wieder den Schutz der Zivilbevölkerung als Leitmotiv erkennen lässt.[25] Im humanitären Völkerrecht zeigt sich zudem das Zusammenwirken von menschgemachten und natürlichen Katastrophen, etwa in den Schutzvorschriften für Anlagen, die „gefährliche Kräfte" enthalten. Art. 56 des ersten Zusatzprotokolls zu den Genfer Konventionen[26] stellt diese Anlagen unter besonderen Schutz und verbietet es, diese zum Objekt von Angriffen zu machen. Die Aktualität dieser Schutzvorschriften zeigt sich etwa an der Sprengung des Nova Kakhova Staudamms[27] oder der Kontroverse rund um das Atomkraftwerk Saporischschja[28].

3.2 Klimawandel & Naturkatastrophen

Auch am Beispiel des Klimawandels zeigt sich das Zusammenwirken von menschgemachten und Naturkatastrophen. Während sich das menschliche Verhalten, das den Klimawandel befeuert, rechtlich erfassen und regulieren lässt, folgen die Naturkatastrophen, die in Zahl und Ausmaß aufgrund des Klimawandels zunehmen,[29] keinen menschgemachten, sondern ausschließlich Naturgesetzen. Dementsprechend hat sich im Bereich des internationalen Klimaschutzrechts eine zweigleisige Herangehensweise etabliert: Einerseits sind Staaten verpflichtet, ihre Emissionen dergestalt zu senken, dass die gravierendsten Folgen des Klimawandels abgewendet werden („mitigation").[30] Andererseits müssen sie Vorbereitungs- und Anpassungsmaßnahmen treffen, um auf den Klimawandel und damit einhergehende Naturkatastrophen reagieren zu kön-

---

24 Vgl. Präambel der Charta der Vereinten Nationen; im (autoritativen) englischen Wortlaut heißt es „to save succeeding generations from the scourge of war".

25 Vgl. IGH, Legality of the Threat or Use of Nuclear Weapons, Advisory Opinion, I. C. J. Reports 1996, S. 226, 257.

26 Protocol additional to the Geneva Conventions of 12 August 1949, and relating to the protection of victims of international armed conflicts (Protocol I), 08.06.1977, 1125 UNTS 3.

27 Dazu M. Milanovic, The Destruction of the Nova Kakhova Dam and International Humanitarian Law, https://www.ejiltalk.org/the-destruction-of-the-nova-kakhovka-dam-and-international-humanitarian-law-some-preliminary-thoughts/ (abgerufen am 18.03.2024).

28 Dazu T. Morgandi/B. Betin, Legal Implications of the Military Operations at the Chernobyl and Zaporizhzhya Power Plants, https://www.ejiltalk.org/legal-implications-of-the-military-operations-at-the-chernobyl-and-zaporizhzhya-nuclear-power-plants/ (abgerufen am 18.03.2024).

29 Dazu Intergovernmental Panel on Climate Change (IPCC) (Hrsg.), Climate Change 2014: Impacts, Adaptation, and Vulnerability: Part A: Global and Sectoral Aspects, Genf 2014, S. 4, 32.

30 Reflektiert etwa in Art. 2 I lit. a des Übereinkommens von Paris; vgl. P.-T. Stoll/H. Krüger, Klimawandel, in: A. Proelß (Hrsg.), Internationales Umweltrecht, 2. Aufl., Berlin 2022, S. 431.

nen („adaptation").[31] Bemerkenswert ist insofern, dass diese Verpflichtungen sich nicht allein aus dem internationalen Umweltrecht ergeben, sondern auch menschenrechtlich begründet sind.[32] Die Bedeutung von Menschenrechten für den staatlichen Schutz vor und Umgang mit Naturkatastrophen – und damit für den Bevölkerungsschutz – zeigt eindrücklich der vom Europäischen Gerichtshof für Menschenrechte (EGMR) entschiedene Fall *Budayeva et al. v. Russland*.[33] Dort urteilte der EGMR, dass Russland die Beschwerdeführerinnen nicht ausreichend vor Naturkatastrophen (genauer: Schlammlawinen) geschützt hatte und erkannte darin eine Verletzung des Rechts auf Leben aus Art. 2 I 1 Europäische Meschenrechtskonvention (EMRK).[34] Die Schutzdimension des Rechts auf Leben umfasse, dass der Staat hinreichende Verfahren zum Schutz des Lebens vor Naturkatastrophen etabliert, insbesondere wenn mit den Katastrophen zu rechnen ist.[35] Dass dies nicht nur unter der EMRK, sondern universell gilt, belegt die Allgemeine Bemerkung Nr. 36 des UN-Menschenrechtsausschusses, in der die Bedeutung der Vorbereitung auf (Natur-) Katastrophen, z.B. durch Notfallpläne, betont wird.[36]

3.3 Sonstige völkerrechtliche Katastrophenvorsorge

Ein weiteres Beispiel für internationale Kooperation im Bereich der Katastrophenvorsorge ist die Regulierung der Atomenergie. Dort gibt es mit der Internationalen Atomenergie-Organisation (IAEA)[37] eine Organisation, die durch die Überwachung des Übereinkommens über die nukleare Sicherheit[38] und des Atomwaffensperrvertrages[39] im weiteren Sinne auch mit der Katastrophenvorsorge betraut ist. Interessant ist insofern, dass hier das präventive Element bereits in der Regulierung einer potentiell katastrophalen Materie – der Atomenergie – auf der internationalen Ebene liegt. Indem internationale Standards für den Umgang mit Atomenergie geschaffen werden, wird die

---

31 Reflektiert etwa in Art. 2 I lit. b des Übereinkommens von Paris; P.-T. Stoll/H. Krüger, Klimawandel, in: A. Proelß (Hrsg.), Internationales Umweltrecht, 2. Aufl., Berlin 2022, S. 431.

32 R. Diekjobst, Das Menschenrechtssystem der Vereinten Nationen als Instrument zum Klimaschutz – mehr als nur ein Provisorium? in: Humanitäres Völkerrecht (3–4) (2020), S. 378, S. 386; vgl. auch A. Pillay, Economic, Social and Cultural Rights and Climate Change, in: O. Ruppel/C. Roschmann/K. Ruppel-Schlichting (Hrsg.), Climate Change: International Law and Global Governance, Baden-Baden 2013, S. 247.

33 Europäischer Gerichtshof für Menschenrechte, Budayeva and others v. Russia, Judgment, 20.03.2008. 15339/02, 21166/02, 20058/02, 11673/02, 15343/02.

34 *Id.*, Abs. 160.

35 *Id.*, Abs. 136f., 150ff.

36 Human Rights Committee, General Comment No. 36, 03.09.2019, CCPR/C/GC/36, Abs. 26, 62.

37 Gegründet durch das Statute of the International Atomic Energy Association, 26.10.1956, 276 UNTS 3.

38 Convention on Nuclear Safety, 20.09.1994, 1963 UNTS 293.

39 Treaty on the Non-Proliferation of Nuclear Weapons, 01.07.1968, 729 UNTS 161.

nuklearen Sicherheit dem Bereich der ausschließlichen inneren Angelegenheiten der jeweiligen Staaten entzogen. Inhaltlich sorgt vor allem das Übereinkommen über die nukleare Sicherheit für Katastrophenvorsorge durch Prozeduralisierung, indem den Mitgliedsstaaten Überwachungs- und Berichtspflichten (insbesondere Artikel 4–10) auferlegt werden, indem Sicherheitsstandards und -verfahren etabliert werden (Artikel 13–15) und schließlich indem für den Katastrophenfall vorgesorgt wird (Artikel 16).

Ähnliche Strukturen finden sich etwa im Bereich des internationalen Gesundheitsrechts, wo mit der Weltgesundheitsorganisation[40] (WHO) und den Internationalen Gesundheitsvorschriften[41] ebenfalls eine internationale Organisation sowie ein bindender völkerrechtlicher Vertrag mit der Katastrophenvorsorge im weiteren Sinne betraut sind.

3.4 Risikoverringerung – das Sendai Rahmenwerk

Im Bereich der jeweiligen völkerrechtlichen Teilrechtsgebiete zeigte sich bereits, dass Risikoverringerung ein zentrales Motiv im Bereich der Katastrophenvorsorge ist.[42] Als übergreifendes Regelungswerk ist hier das Sendai Rahmenwerk für Katastrophenvorsorge zu nennen. Wenngleich es sich bei dem Sendai Rahmenwerk nicht um einen verbindlichen völkerrechtlichen Vertrag handelt, beeinflusst es als *soft-law* jedenfalls die Auslegung und Anwendung der bestehenden völkerrechtlichen Verpflichtungen der Staaten. Das Sendai Rahmenwerk hat es sich zum Ziel gesetzt, das Katastrophenrisiko von 2015 bis 2030 signifikant zu reduzieren. Dafür sollten das Katastrophenrisiko untersucht sowie Institutionen gestärkt und Resilienz aufgebaut werden. Insofern muss man auf halber Strecke und vor dem Hintergrund von Covid-Pandemie, Klimawandel und zahlreichen bewaffneten Konflikten allerdings konstatieren, dass diese Ziele noch lange nicht erreicht sind.

3.5 Fazit

Im Bereich der Katastrophenvorsorge zeigt sich, dass die Regelungen zum völkerrechtlichen Bevölkerungsschutz organisch gewachsen sind – statt einer zentralen Kodifikation gibt es eine Vielzahl fragmentierter Regelungen. Dennoch fallen gemeinsame Motive auf: Der Schwerpunkt der völkerrechtlichen Katastrophenvorsorge liegt auf der

---

40 Gegründet durch die Constitution of the World Health Organisation, 22.07.1946, 14 UNTS 185.

41 International Health Regulations (2005), 23.05.2005, 2509 UNTS 79.

42 Eine Pflicht zur Risikoverringerung findet sich ebenfalls in Art. 9 des Artikelentwurfs zum Schutz von Personen in Katastrophenfällen der Völkerrechtskommission, International Law Commission (ILC), Draft articles on the protection of persons in the event of disasters, Yearbook of the International Law Commission 2016, Vol. II, Part 2, S. 24 ff.

Prävention von Katastrophen, die vor allem durch internationale Standardisierung und Kooperation erreicht werden soll. Teilweise wohnt bereits der internationalen Regulierung als solcher ein präventives Element inne, indem potentiell gefährliche Materien der ausschließlichen Hoheitsgewalt einzelner Staaten entzogen werden. Schließlich soll durch Vorbereitungs- und Anpassungsmaßnahmen das Risiko und die Gefahr im Katastrophenfall verringert werden.

4 Katastrophennachsorge – Solidarität oder Verantwortung?

Die angesprochenen Krisen (siehe 3.4) leiten zum letzten Punkt, der Katastrophennachsorge, über. In diesem Bereich sind völkerrechtliche Verpflichtungen besonders rar gesät (4.1), was sich auch in der Reaktion der Staatengemeinschaft auf Naturkatastrophen zeigt, was am Beispiel der Erdbeben in der Türkei und Syrien aufgezeigt wird (4.2).

4.1 Katastrophennachsorge als Rechtspflicht?

Zweifellos sind unmittelbar von Katastrophen betroffene Staaten zum Bevölkerungsschutz und insbesondere auch zur Katastrophennachsorge verpflichtet. Diese Pflicht wird bereits aus dem jeweiligen nationalen (Verfassungs-)Recht folgen, ist aber auch völkerrechtlich – wiederum aus den Menschenrechten – begründet.[43] Bezüglich nicht unmittelbar betroffener Staaten gestaltet sich die Suche nach völkerrechtlichen Verpflichtungen allerdings schwieriger:

Für den Bereich der menschgemachten Katastrophen gelten zunächst die allgemeinen Regeln der Staatenverantwortlichkeit. Insbesondere sind also die Verursacher von Katastrophen zu Wiedergutmachung und möglicherweise zum Schadensersatz verpflichtet.[44] Nur scheinbare Probleme bestehen insofern im Bereich des Klimawandels: Das vielbeschworene Problem[45] der Vielzahl der verantwortlichen Staaten und nicht bestimmbaren Verantwortlichkeit für einzelne Naturkatastrophen lässt sich mit den allgemeinen Regeln der Staatenverantwortlichkeit lösen. So enthält Artikel 47 des Artikelentwurfs zur Staatenverantwortlichkeit der Völkerrechtskommission Regelungen für völkerrechtliche Delikte, die von einer Mehrzahl verantwortlicher Staaten begangen

---

43 S. o. unter 3.2.; siehe zudem den Beitrag von V. Bliecke/D. Yaman in diesem Buch.

44 Vgl. Art. 31 ff. des Artikelentwurfs zur Staatenverantwortlichkeit der Völkerrechtskommission, die Völkergewohnheitsrecht reflektieren, UNGA, Annex zu Resolution 56/83, 12.12.2001, A/RES/56/83.

45 Etwa M. Fitzmaurice, International Responsibility and Liability, in: D. Bodansky/J. Brunnée/E. Hey (Hrsg.), The Oxford Handbook of International Environmental Law, Oxford 2007, S. 1020; W. Frank, Zur Kausalitätsproblematik und Risikozurechnung bei Klimaschäden im Zusammenhang mit Entschädigungs- und Schutzansprüchen gemäß Völkerumweltrecht, in: Bonner Rechtsjournal 01(2015), S. 45.

wurden. Für den Bereich des Klimawandels bedeutet dies, dass Wiedergutmachung im Verhältnis der einzelnen Verursachungsbeiträge zu leisten ist, soweit Treibhausgasemissionen ein völkerrechtswidriges Niveau erreichen.[46] Im internationalen Umweltrecht setzt sich zudem das „polluter pays" Prinzip als besondere Ausformung der allgemeinen Grundsätze der Staatenverantwortlichkeit zunehmend durch.[47]

Schwieriger ist die Frage bezüglich Naturkatastrophen zu beantworten, die keinen eindeutigen menschgemachten Ursprung haben. Auch für diese Fälle hat die Völkerrechtskommission einen Artikelentwurf erarbeitet, der den Schutz von Personen in Katastrophenfällen thematisiert.[48] Dieser sieht u. a. eine Pflicht zur internationalen Kooperation vor.[49] Der Artikelentwurf kann dabei immerhin für sich beanspruchen, im Einklang mit der Charta der Vereinten Nationen zu stehen, die in ihren Artikeln 55 und 56 ebenfalls eine Pflicht zur Kooperation im Bereich der Menschenrechte vorsieht. Ob daraus aber tatsächlich eine Pflicht zur Kooperation in Katastrophenfällen mit einem bestimmbaren Inhalt ableiten lässt, erscheint äußerst zweifelhaft.[50] Die völkerrechtliche Realität zeichnet jedenfalls ein anderes Bild, das im nächsten Absatz am Beispiel der Erdbeben in der Türkei und Syrien dargestellt werden soll.

---

46 Dazu: Diekjobst, a. a. O., (Fn. 32), S. 392 f.; vgl. auch die von A. Nollkämper et al. formulierten „Guiding Principles on Shared Responsibility in International Law": A. Nollkämper et al., Guiding Principles on Shared Responsibility in International Law, in: European Journal of International Law (31:1) (2020), S. 15. Ähnlich argumentiert auch das höchste niederländische Gericht in der wegweisenden Urgenda Entscheidung: Hoge Raad, State of the Netherlands v. Urgenda Foundation, 20.12.2019, eine englische Übersetzung ist verfügbar unter https://www.urgenda.nl/wp-content/uploads/ENG-Dutch-Supreme-Court-Urgenda-v-Netherlands-20-12-2019.pdf (abgerufen am 18.03.2024).

47 Unklarheit besteht bezüglich des rechtlichen Status, Klarheit bezüglich der Einordnung als Regel, nicht als Prinzip, vgl. U. Beyerlin, Policies, Principles, and Rules, in: D. Bodansky/J. Brunnée/E. He y (Hrsg.), a. a. O. (Fn. 45), S. 441 und A. Proelß, Prinzipien des internationalen Umweltrechts, in: A. Proelß (Hrsg.), a. a. O., (Fn. 31), S. 136 ff.

48 ILC, Draft articles on the protection of persons in the event of disasters, Yearbook of the International Law Commission 2016, Vol. II, Part 2, S. 24 ff.

49 S. Art. 7, 8 des Artikelentwurfs.

50 S. etwa T. Stoll, Article 55 (a) and (b), in: B. Simma et al. (Hrsg.) a. a. O. (Fn. 3), Rn. 106, der Art. 55 (a) und (b) einen „limited normative value" attestiert; ebenso E. Riedel/J.-M. Arend, a. a. O., (Fn. 3), Rn. 15 („the legal obligation is general in character") und wiederum T. Stoll, Article 56, in: B. Simma et al. (Hrsg.), a. a. O., (Fn. 3), Rn. 27 („vague and of limited normative value").

4.2 Die Reaktion der Staatengemeinschaft auf (Natur-) Katastrophen am Beispiel der Erdbeben in der Türkei und Syrien

Das Völkerrecht tut sich bereits schwer, langsam einsetzenden Krisen wie dem Klimawandel effektiv zu begegnen. Dies gilt umso mehr für plötzlich eintretende Naturkatastrophen. Dies lässt sich exemplarisch am Beispiel der Erdbeben in der Türkei und Syrien aufzeigen. Diese stehen insofern vertretend für andere Katastrophen, als die Auswirkungen von Kriegen oder Naturkatastrophen i. d. R. die gleichen sind, auch wenn sie sich in ihrer Intensität unterscheiden: Als typische Auswirkungen können Fluchtbewegungen der betroffenen Bevölkerungen, Zerstörung der natürlichen Umwelt und schließlich ein erheblicher Bedarf an Geld, Hilfsgütern und Hilfspersonal der betroffenen Länder identifiziert werden. Obwohl diese Probleme bei nahezu allen (Natur-) Katastrophen auftreten, gibt es einen bemerkenswerten Mangel an dezidierten völkerrechtlichen Regelungen:

So ist etwa das internationale Flüchtlingsrecht nicht auf Personen zugeschnitten, die in Folge von Naturkatastrophen Schutz suchen.[51] Sofern Staaten Fluchtsuchende aufnehmen, geschieht dies also i. d. R. auf freiwilliger Basis, was die Aufnahme von Fluchtsuchenden zum Politikum macht, die Fluchtsuchenden vor existentielle Unsicherheiten stellt und schließlich willkürliche und diskriminierende Aufnahmeregelungen begünstigt.[52] Das UN Flüchtlingshilfswerk (UNHCR) versteht sein Mandat hingegen so, dass auch der Schutz von aufgrund von Klimawandel oder Naturkatastrophen vertriebenen Menschen erfasst ist.[53]

Gleiches gilt für die Gewährung von Geld- und anderen Hilfsleistungen. So wurden etwa von der EU mehrere Milliarden Euro für die Türkei und Syrien mobilisiert, der Großteil davon als Darlehen.[54] EU-Kommissionspräsidentin von der Leyen qualifi-

---

51 J. McAdam, Moving beyond Refugee Law: Putting Principles on Climate Mobility into Practice, in: International Journal of Refugee Law (34) (2022), S. 440, 448; B. Behlert/R. Diekjobst, Human Rights as Means to Challenge Climate Change Injustices, in: Bündnis Entwicklung Hilft/IFHV (Hrsg.), WeltRisikoBericht 2020, S. 35.

52 Vgl. S. Katsoni, What Do We Do with the Non-'White, Blonde, Blue-Eyed' Asylum Seekers?, Voelkerrechtsblog 02.06.2022, https://voelkerrechtsblog.org/de/what-do-we-do-with-the-non-white-blonde-blue-eyed-asylum-seekers/ (abgerufen am 18.03.2024).

53 Vgl. UNHCR, Climate change and disaster displacement, https://www.unhcr.org/us/what-we-do/build-better-futures/environment-disasters-and-climate-change/climate-change-and (abgerufen am 18.03.2024).

54 Vgl. European Commission, EU and international donors' pledge €7 billion in support of the people in Türkiye and Syria following the recent devastating earthquakes, 20.03.2023, https://neighbourhood-enlargement.ec.europa.eu/news/eu-and-international-donors-pledge-eu7-billion-support-people-

zierte dies allerdings ausdrücklich als einen solidarischen Akt,[55] was wohl als impliziter Hinweis auf eine fehlende (völker-)rechtliche Verpflichtung zu finanziellen Hilfsleistungen verstanden werden muss. Dass Staaten „Solidarität" nicht als Ausprägung völkerrechtlicher Verpflichtungen, sondern gerade als Gegenentwurf dazu verstehen, zeigt sich wohl am deutlichsten an der Reaktion der Staaten des globalen Nordens auf die Impfstoffknappheit in Folge der Covid-19 Pandemie.[56] Initiativen, die Solidarität – gerade auch im Hinblick auf Katastrophennachsorge – als Rechtspflicht begreifen, wie etwa die Draft Declaration on Human Rights and International Solidarity,[57] sind daher zu begrüßen, können für sich aber wohl noch nicht den Status als bindendes, sondern allenfalls als gerade erstarkendes Völkergewohnheitsrecht reklamieren.[58]

Außerdem verteilte der Zentrale Nothilfefonds der Vereinten Nationen etwa 50 Millionen US Dollar an die Türkei und Syrien; auch der Zentrale Nothilfefonds finanziert sich aber durch freiwillige Zuwendungen und nicht durch verbindliche Beitragszahlungen von UN-Mitgliedsstaaten.[59] Bereits die Einführung des Zentralen Nothilfefonds durch die UN-Generalversammlung im Jahr 2005 muss allerdings als Meilenstein anerkannt werden. Der Fonds bleibt zwar regelmäßig hinter dem selbst gesteckten Ziel, eine Milliarde Euro jährlich einzunehmen, zurück und ist auf freiwillige Zuwendungen von Staaten und auch privatwirtschaftlichen Unternehmen angewiesen; gleichwohl leistet

---

turkiye-and-syria-following-recent-2023-03-20_en#:~:text=Together%20with%20our%20 partners%2C%20we,always%20stand%20by%20our%20partners.%22 (abgerufen am 18.03.2024).

55   *Ibid.*

56   Vgl. A. von Bogdandy/P. Villareal, The Role of International Law in Vaccinating Against COVID-19: Appraising the COVAX Initiative, in: ZaöRV 81 (2021), S. 89, 102, die Solidarität (noch) als Gegensatz zu völkerrechtlichen Verpflichtungen begreifen („Even if binding international obligations on sharing vaccines might be elusive for now, international institutions can orchestrate solutions geared towards the interests of all human beings, i. e., in the light of global solidarity.").

57   Independent Expert on Human Rights and International Solidarity, Revised draft declaration on human rights and international solidarity, 02.05.2023, A/HRC/53/32*.

58   In anderen Bereichen des Völkerrechts, etwa im Seerecht oder Umweltvölkerrecht, ist das Prinzip der Solidarität (teilweise) bereits als Rechtspflicht anerkannt, vgl. D. Campanelli, Solidarity, Principle of, in: A. Peters (Hrsg.), Max Planck Encyclopedia of Public International Law, 2011, https://opil. ouplaw.com/display/10.1093/law:epil/9780199231690/law-9780199231690-e2072?rskey=Nf0lc n&result=2&prd=OPIL# (abgerufen am 18.03.2024). Wolfrum und Peters erkennen in der Solidarität gar ein erstarkendes Struktur- bzw. Konstitutionsprinzip des Völkerrechts, s. R. Wolfrum, Solidarity amongst states: an emerging structural principle of international law, in P.-M. Dupuy et al. (Hrsg.), Common Values in International Law: Essays in Honour of Christian Tomuschat, Kehl 2006, S. 1087 und A. Peters, COVID-19 as a Catalyst for the (Re-)Constitutionalisation of International Law, in: M. Mbengue/J. D'Aspremont (Hrsg.), Crisis Narratives in International Law, Leiden 2021, S. 96f.

59   Vgl. United Nations Central Emergency Response Fund, Who We Are, https://cerf.un.org/about-us/ who-we-are (abgerufen am 18.03.2024), United Nations Central Emergency Response Fund, Recently approved allocations, https://cerf.un.org/what-we-do/recently-approved-allocations?year=recent (abgerufen am 18.03.2024).

der Fonds einen großen Beitrag zu einer umfassenderen und besser koordinierten Katastrophennachsorge.

Nach all dem zeigt sich, dass die internationale Gemeinschaft die Katastrophennachsorge zwar nicht vollends ignoriert, aber dass die Problemlösung meist außerhalb des Völkerrechts stattfindet. Insbesondere lassen sich aus den Reaktionen auf Naturkatastrophen wohl keine völkergewohnheitsrechtlichen Pflichten ableiten. Zwar gibt es durchaus einige Staatenpraxis, diese stellt aber eher einen „episodischen Humanitarismus"[60] und keine systematische, von *opinio iuris* getragene Antwort der Staatengemeinschaft dar.[61] Die Ausführungen verdeutlichen zudem, dass es keine zentrale Organisation gibt, die mit der völkerrechtlichen Katastrophennachsorge betraut ist; der vor fast 100 Jahren geplante Welthilfsverband nahm seine Arbeit nie richtig auf und wurde schließlich komplett aufgelöst.[62] Diese Lücke wird von einer Vielzahl (potentiell) beteiligter Organisationen geschlossen, was nicht zwingend zu einer besseren und effektiveren Katastrophennachsorge beiträgt: Das UN-Flüchtlingshilfswerk, das Hochkommissariat für Menschenrechte, die Weltorganisation für Meteorologie, das Internationale Komitee vom Roten Kreuz und auch die Vereinten Nationen und ihre Organe, vor allem Generalversammlung und Sicherheitsrat, sind – je nach Art und Ausmaß der Katastrophe und jeweils mit unterschiedlichen Aufgaben – an der völkerrechtlichen Katastrophennachsorge beteiligt.

4.3 Fazit – Hoch die internationale Solidarität?

Der Bereich der völkerrechtlichen Katastrophennachsorge befindet sich im Wandel. Das klassische Völkerrecht, das die Souveränität der einzelnen Staaten hochhielt und damit Katastrophennachsorge zu einer nationalen, nicht internationalen Angelegenheit machte, gerät zunehmend unter Druck. Wenngleich dieser Druck noch von internationalen Organisationen und nicht-rechtsverbindlichen Initiativen ausgeht, ist eine Entwicklung hin zu mehr völkerrechtlichen Verpflichtungen bemerkbar. Sofern insbesondere Staaten des globalen Nordens im Bereich der Katastrophennachsorge auf die „internationale Solidarität" verweisen, sollte allerdings kritisch hinterfragt werden, ob damit eine Anerkennung von oder Absage an völkerrechtliche Verpflichtungen gemeint ist.

---

60   D. Fidler, a. a. O. (Fn. 17), S. 467.
61   Ähnlich: A.-K. Hübler, a.a.O. (Fn. 2), S. 74 ff.
62   S. o. unter 1.2.

5 Schlussfolgerungen – Bevölkerungsschutz als Herausforderung an das Völkerrecht

Bevölkerungsschutz ist keine traditionelle völkerrechtliche Aufgabe. Dies erklärt wohl auch, dass der Bevölkerungsschutz völkerrechtlich nur rudimentär und sehr fragmentiert geregelt ist – es gibt nicht etwa eine „Bevölkerungsschutzkonvention", die alle relevanten völkerrechtlichen Fragen beantwortet. Die völkerrechtlichen Verpflichtungen sind vielmehr in verschiedenen Teilrechtsgebieten des Völkerrechts begründet: Während das humanitäre Völkerrecht die wohl ersten völkerrechtlichen Regelungen enthielt, die dem Bereich Bevölkerungsschutz zugeordnet werden können, bestimmen nun vor allem die Menschenrechte die wesentlichen staatlichen Verpflichtungen. Auffallend ist, dass sich die wenigen verbindlichen Regelungen hauptsächlich auf die Prävention von Katastrophenfällen beziehen, insbesondere auf die Verhinderung menschgemachter Katastrophen. Für den Bereich der Naturkatastrophen sowie der Katastrophennachsorge gibt es demgegenüber einen deutlichen Mangel an klareren völkerrechtlichen Verpflichtungen. Im Hinblick auf typische Konsequenzen von Katastrophen wie Flucht und Zerstörung sind betroffene Staaten und Individuen bisher vor allem auf freiwillige Zugeständnisse anderer Staaten angewiesen.[63] Dieses Regelungs- und Verantwortungsvakuum wird zunehmend von einer Vielzahl beteiligter Organisationen und unverbindlichen Regelungsvorschlägen gefüllt. Dies macht den Bereich des völkerrechtlichen Bevölkerungsschutzes zwar für den Moment weder für betroffene Staaten und Individuen noch für die Rechtsanwenderin übersichtlicher, stimmt aber auch optimistisch. Gerade in den letzten 20 Jahren hat der völkerrechtliche Bevölkerungsschutz einige Entwicklungen genommen, sowohl im Bereich der Katastrophenvorsorge – etwa mit dem Sendai-Rahmenwerk – als auch im Bereich der Katastrophennachsorge, z. B. durch die Befassung der Völkerrechtskommission mit dem Thema „Protection of persons in the event of disasters" und durch die Gründung des Zentralen Nothilfefonds der Vereinten Nationen. Es lohnt sich also, die weitere Entwicklung des völkerrechtlichen Katastrophenschutzes nicht nur zu beobachten, sondern aktiv mitzugestalten!

Zur Person: *Rouven Diekjobst* ist Wissenschaftlicher Mitarbeiter am Institut für Friedenssicherungsrecht und humanitäres Völkerrecht (IFHV) und Doktorand an der juristischen Fakultät der Ruhr-Universität Bochum. Er studierte Rechtswissenschaften in Bochum mit einem Schwerpunkt im internationalen Recht und absolvierte nach seinem 1. juristischen Staatsexamen ein Masterstudium an der University of Oxford. Als Lehrbeauftragter der Ruhr-Universität Bochum bietet er regelmäßig Veranstaltungen im Völkerrecht sowie im deutschen und internationalen Verfassungsrecht an.

---

63 A.-K. Hübler, a. a. O. (Fn. 2), S. 78.

Bevölkerungsschutz als Herausforderung an das Europarecht[1]

Wolfram Cremer

1 Präzisierung des Themas

Ich soll heute über „Bevölkerungsschutz als Herausforderung an das Europarecht" sprechen. Die so formulierte Aufgabe lässt sich durchaus unterschiedlich deuten. Man mag erstens fragen, was „Europarecht" meint. Ich interpretiere „Europarecht" heute als das, was verbreitet als „Europarecht i. e. S." firmiert, mithin das Recht der Europäischen Union.[2] Zweitens mag man fragen, was ich unter „Bevölkerungsschutz" im Sinne der Aufgabenstellung verstehe. Ist damit ein außerrechtliches Phänomen bezeichnet, an welches das EU-Recht heranzutragen ist? Oder gibt es einen unionsrechtlichen Begriff des Bevölkerungsschutzes, der sodann im Rahmen einer rechtswissenschaftlichen Analyse zuallererst zu entfalten wäre? Da es Letzteres (bislang) wohl nicht gibt – weder im Primär-, noch im Sekundärrecht –, kann die Aufgabenstellung nur das Phänomen „Bevölkerungsschutz" adressieren. Also gilt es zu bestimmen, was „Bevölkerungsschutz" meint oder genauer, was ich darunter (im Kontext der hiesigen Aufgabenstellung) verstehe – sinnvollerweise natürlich in Anlehnung an das gängige oder mindestens überwiegende Verständnis des Begriffs. Erst danach lässt sich drittens die „Herausforderung" an das EU-Recht präzisieren, denn nur wenn das Phänomen (möglichst) präzise konturiert ist, lässt sich sinnvoll darüber sprechen, was das Recht, in diesem Falle das EU-Recht, (in der Herausforderungsperspektive) dazu sagt.

Wie aber ist nun ein gängiges resp. überwiegendes Begriffsverständnis von „Bevölkerungsschutz" zu ermitteln? Im Wikipedia-Eintrag „Bevölkerungsschutz" heißt es: „Der Begriff Bevölkerungsschutz ist eine zusammenfassende Bezeichnung für alle Einrichtungen und Maßnahmen, die der Gefahrenabwehr und Hilfe zum Schutz der Zivilbevölkerung im Krisen- oder Katastrophenfall dienen."[3] Es wird dabei unterschieden zwischen:

---

1 Der Vortragsstil wurde beibehalten.

2 M. Herdegen, Europarecht, 24. Aufl., München 2023, § 1, Rn. 1 f.; R. Streinz, Europarecht, 12. Aufl., Heidelberg 2023, § 1, Rn. 1.

3 Dabei soll die übergreifende Bezeichnung „Bevölkerungsschutz" der Tatsache Rechnung tragen, dass zwischen den Maßnahmen in den Bereichen Katastrophenschutz und Zivilschutz viele Gemeinsamkeiten bestehen, welche von den beteiligten Organisationen und Einrichtungen über deren technische Ausstattung und andere Vorsorgemaßnahmen bis hin zu behördlichen Zuständigkeiten reichen.

- dem *Katastrophenschutz,* der den Schutz von Menschen, Sachgütern sowie der natürlichen Umwelt vor dem Eintritt und den Folgen einer (Natur-)Katastrophe umfasst;

- dem *Zivilschutz,* der im spezielleren Sprachgebrauch Maßnahmen zum Schutz der Bevölkerung, von Betrieben und öffentlichen Einrichtungen im Verteidigungs- und Spannungsfall (Krieg) umfasst.

Im Wörterbuch des Zivil- und Katastrophenschutzes wird Bevölkerungsschutz dagegen schlicht mit „Zivilschutz" gleichgesetzt.[4] „Zivilschutz" selbst wird dann als „Sammelbezeichnung für öffentliche und private Maßnahmen zum Schutz der Bevölkerung in einem *Verteidigungsfall*[5]" klassifiziert.[6] Setzt man diese Definition in einen Zusammenhang mit dem geschilderten Verständnis von Bevölkerungsschutz im Wikipedia-Eintrag, wäre Katastrophenschutz kein Teil des Bevölkerungsschutzes.

Schaut man nun in die unionsrechtliche Literatur zu Bevölkerungsschutz, Katastrophenschutz und Zivilschutz, offenbart sich ein wiederum anderes Verständnis der Phänomene, zuvörderst weil das Unionsrecht „Katastrophenschutz" als (Unions-)Rechtsbegriff adressiert. Exemplarisch sei hier die Kommentierung von Christian Calliess zu Artikel 196 des Vertrages über die Arbeitsweise der Europäischen Union (AEUV) – der einzigen Norm aus dem unter „Katastrophenschutz" firmierenden Titel XXIII im Dritten Teil des AEUV – zitiert:

> „Begrifflich umfasst der europäische Katastrophenschutz alle Fälle von schweren Notfällen, die sich innerhalb und außerhalb der Union ereignen, einschließlich Natur- und von Menschen verursachten Katastrophen, Terroranschlägen und Technologiekatastrophen, Strahlen- und Umweltunfälle, einschließlich unfallbedingter Meeresverschmutzung. Eine Unterscheidung zwischen Zivilschutz und Katastrophenschutz – wie sie das deutsche Verfassungsrecht kennt – ist dem Europarecht fremd. Auf dem Verfassungskonvent hatte man sich für die einheitliche Nutzung des Terminus Katastrophenschutz entschieden, da dieser im Vergleich zum Begriff Zivilschutz als umfassender aufgefasst wurde."[7]

Und in der Tat fasst Artikel 196 AEUV die durch die Natur und durch den Menschen verursachten Katastrophen unter dem Begriff des Katastrophenschutzes zusammen. So verstanden ist der unionsrechtliche Begriff des Katastrophenschutzes mit dem in Wi-

---

4 Ständige Konferenz für Katastrophenvorsorge und Katastrophenschutz (Hrsg.), Wörterbuch des Zivil- und Katastrophenschutzes, Köln 2003, S. 6.
5 Hervorhebung im Original.
6 Ständige Konferenz für Katastrophenvorsorge und Katastrophenschutz (Hrsg.), a. a. O. (Fn. 4), S. 54.
7 C. Calliess, in Calliess/Ruffert, EUV/AEUV, 6. Aufl., München 2022, Art. 196, Rn. 2 m. w. N.

kipedia hinterlegten (wohl gängigen) Alltagsverständnis (sowie dem Verständnis des Grundgesetzes) von „Bevölkerungsschutz" mindestens weitgehend deckungsgleich.

2 Solidarität im primären EU-Katastrophenschutzrecht

2.1 Artikel 222 Abs. 1 AEUV: Eine (erste) Normanalyse

Die von mir heute zu behandelnde Frage soll nach allem lauten: Welche Herausforderungen trägt der Katastrophenschutz im Sinne von Artikel 196 AEUV an das Recht der Europäischen Union heran? Hier besteht kein Raum, die Norm des Artikel 196 AEUV im Einzelnen zu entfalten, und auch keine Notwendigkeit, die einzelnen Instrumente des Katastrophenschutzes in ihrer sekundärrechtlichen Ausgestaltung, geschweige denn in ihrer geschichtlichen Entwicklung, auszubreiten. All dies lässt sich in den einschlägigen Kommentaren mühelos nachlesen.[8] Ich möchte mich deshalb vielmehr auf einen Aspekt des Katastrophenschutzes konzentrieren, welcher meines Erachtens eine besonders gewichtige Herausforderung an das Recht der Europäischen Union und seine Auslegung heranträgt – und zwar nicht nur, aber wohl zuallererst im Kontext des Katastrophenschutzes: Die Solidarität zwischen der Union und ihren Mitgliedstaaten (sowie zwischen den Mitgliedstaaten). Und dazu gibt nicht zuletzt die jüngere Rechtsprechung der Unionsgerichte besonderen Anlass.[9]

Unionsrechtlicher Ausgangspunkt der Frage nach der „Solidarität im Katastrophenfall" ist die Solidaritätsklausel des Artikel 222 Abs. 1 S. 1 AEUV, wonach die Union und ihre Mitgliedstaaten „gemeinsam im Geiste der Solidarität" handeln, wenn ein Mitgliedstaat von einer Naturkatastrophe oder einer von Menschen verursachten Katastrophe betroffen ist.[10] Und weiter heißt es (in Artikel 222 Abs. 1 S. 2 lit. b AEUV), dass die Union alle ihr zur Verfügung stehenden Mittel mobilisiert, um im Falle einer Katastrophe einen Mitgliedstaat bei einem entsprechenden Ersuchen innerhalb seines Hoheitsgebiets zu unterstützen. Nimmt man die Norm und namentlich den Imperativ „mobilisiert" beim Wort, deutet vieles darauf hin, dass die Union im Falle einer solchen Katastrophe „alles stehen und liegen lassen muss" und alles in ihrer Verfügungsgewalt Stehende unterneh-

---

8   Näheres zu den Maßnahmen des Katastrophenschutzes C. Callies, in: a.a.O. (Fn. 7), Art. 196, Rn. 5 ff.; M. Nettesheim, in E. Grabitz/M. Hilf/M. Nettesheim, Recht der Europäischen Union, 80. EL, München August 2023, Art. 196, Rn. 20 ff.; zu der Entwicklung des Katastrophenschutzes C. Callies, in: a.a.O. (Fn. 7), Art. 196, Rn. 2; M. Kotzur/M. Niehaus, in: R. Geiger et al., EUV/AEUV, 7. Aufl., München 2023, Art. 196, Rn. 1 f.; S. Bings, in: R. Streinz, EUV/AEUV, 3. Aufl., München 2018, Art. 196, Rn. 8 ff.

9   Europäischer Gerichtshof (Große Kammer), Rs. C-848/19 P (Deutschland v. Polen), 15.07.2021, EuZW 2021, S. 766.

10 Die Betroffenheit durch einen Terroranschlag wird in diesem Beitrag ausgeklammert.

men muss, um deren Folgen abzumildern. So wird die Norm freilich ganz allgemein nicht verstanden. Ratio der (allgemeinen) Formulierung sei vielmehr, normativ nicht an bestimmte und abschließend normierte Maßnahmen gebunden sein, um so flexibel auf die unterschiedlichen Herausforderungen des Einzelfalls reagieren zu können.[11] Der Maßstab der Unterstützungspflicht, so denn überhaupt eine (Rechts-)Pflicht statuiert wird, kann mangels anderer Anhaltspunkte mithin nur aus der *Solidaritätsklausel* des Artikel 222 Abs. 1 S. 1 AEUV gewonnen werden.

2.2 Solidarität als (allgemeiner) Rechtsgrundsatz des Unionsrechts?

Aber was meint „Solidarität" im Unionsrecht bzw. in Artikel 222 Abs. 1 S. 1 AEUV? Der Begriff „Solidarität" und die Forderung nach derselben finden sich an verschiedenen Stellen des unionalen Primärrechts[12] und stetig wird kontrovers diskutiert, ob diese Solidaritätsbestimmungen bzw. -bekundungen sämtlich oder jedenfalls einzelne von diesen als Rechtsgrundsätze bzw. als justiziabel zu qualifizieren sind.

Nach wohl herrschender Auffassung wird Solidarität als allgemeines Rechtsprinzip (in) der Europäischen Union verstanden.[13] Und für eine solche Position wird in der Literatur verbreitet auch der EuGH in Anspruch genommen.[14] Und in der Tat heißt es in der Judikatur des Gerichtshofs: „Der Vertrag erlaubt es den Mitgliedstaaten, die Vorteile der Gemeinschaft zu nutzen, er erlegt ihnen aber die Verpflichtung auf, deren Rechtsvorschriften zu beachten. Stört ein Staat [...] das mit der Zugehörigkeit zur Gemeinschaft verbundene Gleichgewicht von Vorteilen und Lasten, so stellt dies die Gleichheit der Mitgliedstaaten vor dem Gemeinschaftsrecht in Frage [...]. Ein solcher Verstoß gegen die Pflicht der Solidarität [...] beeinträchtigt die Rechtsordnung der Gemeinschaft bis in ihre Grundfesten."[15]

In der Literatur wird diese Judikatur teils überschwänglich gefeiert, wenn es heißt, der Gerichtshof habe „in beeindruckender Weise klargestellt", dass die Missachtung des

---

11 Vgl. nur C. Callies, in: a. a. O. (Fn. 7), Art. 222, Rn. 34.
12 Vgl. nur die Aufzählung in Europäischer Gerichtshof (Große Kammer), Rs. C-848/19P (Deutschland v. Polen), 15.07.2021, Rn. 39 f.
13 C. Callies, Subsidiaritäts- und Solidaritätsprinzip in der Europäischen Union, 2. Aufl., Baden-Baden 1999, S. 187 ff.; M. Lais, Das Solidaritätsprinzip im europäischen Verfassungsbund, Baden-Baden 2007, S. 146 ff.; E. A. Marias, Solidarity as an Objective of the European Union and the European Community, in: Legal Issues of European Integration (Issue 2) (1994), S. 85 ff.
14 Eine Analyse der Rechtsprechung des EuGH m.w.N. zu einer Inbezugnahme ebendieser in der Literatur in M. Lais, a. a. O. (Fn. 13), S. 152 f
15 Europäischer Gerichtshof, Rs. C-128/78 (Kommission v. Vereintes Königreich), 07.02.1979, Slg. 1979, 419, Rn. 12.

Unionsrechts durch einzelne Staaten das Solidaritätsprinzip verletzen könne.[16] Diesen Überschwang vermag ich nicht zu teilen. So fragt sich, welcher Gewinn damit verbunden sein soll, wenn ein Rechtsverstoß zunächst zur Grundlage für einen Verstoß gegen die Pflicht zur Solidarität wird, worin dann wiederum ein (neuer) Rechtsverstoß liegen soll. (Unions-)rechtlich bleibt ein solcher Dreischritt ohne erkennbaren Ertrag. Und ob damit eine symbolische, namentlich die Unionsrechtstreue befördernde Wirkung verbunden ist, erscheint jedenfalls alles andere als gewiss. Eher mag man erwägen, ob ein Rechtsverstoß, der zugleich als Solidaritätsverstoß etikettiert wird, und dann wieder zum Rechtsverstoß zurückführt, ebendiesen Rechtsverstoß in einem milderen Licht erscheinen lässt und mithin bagatellisiert. Jedenfalls drängt sich die Frage auf, ob ein Verstoß gegen die Solidarität (im Einzelfall) einen eigenständigen Unionsrechtsverstoß zu begründen vermag und dies namentlich im Kontext von Artikel 222 Abs. 1 AEUV.

2.3 Energiesolidarität in der jüngeren Rechtsprechung der Unionsgerichte

An dieser Stelle ist nun auf die bereits angesprochene jüngere Judikatur der Unionsgerichtsbarkeit zurückzukommen. Das Gericht der Europäischen Union (EuG) in der Rechtssache T-883/16 und der Gerichtshof der Europäischen Union (EuGH) im daran anschließenden Rechtsmittelverfahren (Rechtssache C-849/19 P) haben in den Jahren 2019 und 2021 grundsätzlich Stellung zum Grundsatz der Solidarität in der Energiepolitik bezogen. In Artikel 194 Abs. 1 AEUV heißt es: „Die Energiepolitik verfolgt im Geiste der Solidarität zwischen den Mitgliedstaaten" verschiedene in den Buchstaben a) bis d) ausbuchstabierte Ziele der Energiepolitik. Der Gerichtshof qualifiziert diesen Grundsatz der Energiesolidarität als besondere Ausprägung des allgemeinen Solidaritätsgrundsatzes, welcher einer der tragenden Grundsätze des Unionsrechts sei.[17] Daran anschließend wird unter Bezugnahme auf eigene ältere Rechtsprechung wiederholt, dass der Grundsatz der Solidarität dem gesamten Rechtssystem der Union zugrunde liege und eng mit dem Loyalitätsgrundsatz aus Artikel 4 Abs. 3 EUV verbunden sei,[18] um sodann über eine Schleife zur eigenen (argumentativ wiederum unergiebigen) Rechtsprechung zum Grundsatz der Solidarität in Artikel 80 AEUV – gefolgert wird erneut vom Verstoß

---

16   C. Callies, in: a. a. O. (Fn. 7), Art. 222, Rn. 9.
17   Europäischer Gerichtshof (Große Kammer), Rs. C-848/19 P (Deutschland v. Polen), 15.07.2021, Rn. 38.
18   Europäischer Gerichtshof (Große Kammer), Rs. C-848/19 P (Deutschland v. Polen), 15.07.2021, Rn 41.

gegen eine Rechtspflicht auf einen Verstoß gegen den Grundsatz der Solidarität –[19] auszuführen, dass nichts die Annahme zulasse, dass der Solidaritätsgrundsatz in Artikel 194 Abs. 1 AEUV keine verbindlichen Rechtswirkungen (für die Mitgliedstaaten und die Unionsorgane) erzeugen könne. Vielmehr ergebe sich (im Anschluss an die Schlussanträge von GA *Manuel Campos Sánchez-Bordona*)[20] aus dem Wortlaut und dem Aufbau von Artikel 194 Abs. 1 AEUV, dass dieser Grundsatz allen Zielen der Energiepolitik der Union zugrunde liege.[21] Ebenfalls in Übereinstimmung mit GA *Manuel Campos Sánchez-Bordona*[22] seien demgemäß die Handlung der Unionsorgane im Lichte dieses Grundsatzes auszulegen und ihre Rechtmäßigkeit anhand dieses Grundsatzes zu beurteilen.[23] Im weiteren Verlauf erläutert der Gerichtshof, warum der Grundsatz der Energiesolidarität in Artikel 194 Abs. 1 AEUV im Unterschied zum Grundsatz der Solidarität in Artikel 222 AEUV nicht nur in Notfallsituationen zur Anwendung komme – mit der Konsequenz, dass die Union bei der Ausübung ihrer Zuständigkeiten im Rahmen der Energiepolitik die Interessen aller Akteure zu berücksichtigen habe und im Falle der Nichtberücksichtigung schon darin eine Verletzung des Solidaritätsgrundsatzes liege.[24] Die Interessen der Union und die möglicherweise divergierenden Interessen verschiedener Mitgliedstaaten seien zu berücksichtigen und im Falle eines Konflikts gegeneinander abzuwägen.[25] Ein (weitergehender) Maßstab für den Abwägungsvorgang bzw. im Hinblick auf das Abwägungsergebnis wird vom Gerichtshof indessen nicht ausformuliert oder auch nur andeutungsweise konturiert. Daraus abzuleiten, dass es ausreicht, wenn überhaupt eine Abwägung stattfindet, ist aber wenig naheliegend und – soweit man der Rechtsprechung des Gerichtshofs bis zu diesem Punkt folgt – auch nicht überzeugend. Vielmehr verlangen die allgemeinen Kriterien, welche das Unionsrechts bzw. der Gerichtshof an Abwägungsvorgänge der Legislative bzw. der Exekutive im Hinblick auf die jeweiligen materiellen Maßstäbe angelegt, auch in diesem Zusammenhang Geltung. Ohne hier in Details gehen zu können: Eine Verletzung des Grundsatzes der (Energie-)Solidarität liegt nicht nur bei einem Fehlen jeglicher Abwägung vor (Abwägungsausfall), sondern auch dann,

---

19 Europäischer Gerichtshof (Große Kammer), Rs. C-848/19 P (Deutschland v. Polen), 15.07.2021, Rn. 42.

20 GA Sánchez-Bordona, Schlussantrag v. 18.03.2021, Rs. C-848/19 P (Deutschland v. Polen), BeckRS 2021, 4883, Rn. 76 f.

21 Europäischer Gerichtshof (Große Kammer), Rs. C-848/19 P (Deutschland v. Polen), 15.07.2021, Rn. 43.

22 GA M. Campos Sánchez-Bordona, Schlussantrag v. 18.03.2021, Rs. C-848/19 P (Deutschland v. Polen), BeckRS 2021, 4883, Rn. 103.

23 Europäischer Gerichtshof (Große Kammer), Rs. C-848/19 P (Deutschland v. Polen), 15.07.2021, Rn. 44.

24 Europäischer Gerichtshof (Große Kammer), Rs. C-848/19 P (Deutschland v. Polen), 15.07.2021, Rn. 69 ff.

25 Europäischer Gerichtshof (Große Kammer), Rs. C-848/19 P (Deutschland v. Polen), 15.07.2021, Rn. 73.

wenn wesentliche Aspekte im Einzelfall nicht in die Abwägung einbezogen (Heranziehungsdefizit) oder zwar einbezogen, aber in willkürlicher Weise gewichtet werden (Abwägungs- oder Gewichtungsdefizit). Dabei sind die Abwägungsspielräume resp. ist die Einschätzungsprärogative der Exekutive/Legislative umso größer bzw. die Kontrolle ist umso beschränkter, je komplexer der zu beurteilende Sachverhalt ist – was nicht zuletzt auch GA *Manuel Campos Sánchez-Bordona* in seinen Schlussanträgen zur Rechtssache C-848/19 P im Hinblick auf die Komplexität der technischen Fragen betont.[26]

3 Konsequenzen für die Auslegung von Artikel 222 Abs. 1 AEUV – Gleichzeitig zu den Grenzen prinzipienbasierter Leistungsrechte im EU-(Primär-)Recht

Die Erwartung, dass der Gerichtshof die skizzierten Grundsätze, namentlich das Abwägungsgebot, bei Gelegenheit auch auf Artikel 222 AEUV anwenden wird, erscheint wenig vermessen. Und unbeschadet der wenig belastbaren Begründungen für eine aus dem allgemeinem Solidaritätsgrundsatz resp. seinem bereichsspezifischen Ausprägungen resultierende Rechtspflicht in der Rechtsprechung des Europäischen Gerichtshofs wird man jedenfalls aus Artikel 222 Abs. 1 AEUV eine konstitutiv in der Norm begründete Pflicht der Unionsorgane zur Abwägung ableiten können, welche, holzschnittartig formuliert, die Interessen der Union (an einer Nichtintervention)[27] mit den Interessen des betroffenen Mitgliedstaats (an einer unterstützenden Intervention) nach Maßgabe der soeben holzschnittartig beschriebenen Maßstäbe[28] ins Verhältnis zu setzen hat.

Allerdings stellt sich bzgl. dieser Abwägung – wie bei jedem nur prinzipienhaft formulierten (finanzwirksamen) Leistungsrecht –[29] nicht nur die Frage, inwieweit diese durch die Einschätzungsprärogative der Legislative/Exekutive beeinflusst wird – diese Frage stellt sich regelmäßig auch in eingriffsabwehrrechtlichen Konstellationen –, sondern zudem nach den Grenzen der Leistungspflicht nach Maßgabe eines unionsrechtlichen Vorbehaltes des (finanziell) Möglichen. Angesprochen ist mithin eine Erweiterung der exekutiven/legislativen Spielräume jenseits der einer ohnehin bestehenden „einfachen" Einschätzungsprärogative bei Prinzipienkollisionen in leistungsrechtlichen Kontexten. Indessen findet sich zu einem solchen Vorbehalt des (finanziell) Möglichen im unions-

---

26   GA M. Campos Sánchez-Bordona, Schlussantrag v. 18.03.2021, Rs. C-848/19 P (Deutschland v. Polen), BeckRS 2021, 4883, Rn. 115.

27   Verpflichtungen der Mitgliedstaaten sind in Art. 222 Abs. 2 AEUV adressiert.

28   Siehe 2.3 mit Fn. 25 und 26.

29   Zu Prinzipien als Optimierungsgeboten grundlegend R. Alexy, Theorie der Grundrechte, 1. Aufl., Baden-Baden 1985, S. 71 ff.

rechtlichen Kontext und namentlich in der unionsgerichtlichen Rechtsprechung kaum Substanzhaftes.

Fündig wird man dagegen in der Rechtsprechung des Bundesverfassungsgerichts, wonach der Vorbehalt des Möglichen dahin gehend beschrieben wird, dass insbesondere grundrechtlich fundierte Leistungsansprüche „von vornherein unter dem Vorbehalt dessen stehen, was vernünftigerweise von der Gesellschaft erwartet werden kann".[30] Im Interesse des Gemeinwohls beinhalte der Gestaltungsspielraum des Staates, namentlich der Legislative, auch die „Befugnis, die nur begrenzt verfügbaren öffentlichen Mittel für andere wichtige Gemeinschaftsbelange einzusetzen".[31] Andere formulieren, der Vorbehalt des Möglichen beschränke die normative Reichweite eines Leistungsbefehls auf ein „tatsächlich erfüllbares und rechtlich zumutbares Maß".[32] Und in der Tat adressiert ein so verstandener Vorbehalt des Möglichen nicht lediglich die im Demokratieprinzip wurzelnde Einschätzungsprärogative des Staates; vielmehr sind die Finanzausstattungsinteressen des Staates ein eigenständiger materiell-inhaltlicher Belang, welcher von Legislative und Exekutive ebenso wie andere materielle Zwecke in die Grundrechtsprüfung einzustellen ist.[33]

Nun stellt die Begrenzung von Leistungsverpflichtungen durch eine Berücksichtigung des (finanziell) Möglichen jedoch keine Eigenart grundgesetzlich basierter grundrechtlicher Leistungspflichten dar; vielmehr ist eine Anwendung des Vorbehalts des Möglichen zur Bewältigung von Konflikten über die Verteilung begrenzt verfügbarer öffentlicher Mittel innerhalb eines jeden Staates mit freiheitlicher-demokratischer Verfassungsordnung anerkannt.[34] Und Gleiches gilt gar erst recht für (primärrechtlich fundierte) prinzipienhaft ausgestaltete Leistungsrechte in einem Staatenverbund wie der Europäischen Union, in welcher die Mitgliedstaaten der Union im Rahmen der übertragenen Einzelkompetenzen nicht die Möglichkeit zu einer Eigenmittelbeschaffung – in Gestalt einer Steuer- und/oder Verschuldungshoheit – gewährt und damit eine Absage an eine Verteilungsgemeinschaft erteilt haben. Zu der „natürlichen" Begrenztheit finanzieller staatlicher Mittel tritt mithin für die Union eine kompetenzrechtliche Barriere bei der Beschaffung ebendieser Mittel hinzu, wodurch das prinzipielle Gewicht

---

30   BVerfGE 33, 303, 333; 75, 40, 68; 82, 60, 82; 90, 107, 116; 97, 332, 349; 112, 74, 84.
31   BVerfGE 75, 40, 68; 90, 107, 116; 112, 74, 84 f.
32   K.-A. Schwarz, in: K. Stern / H. Sodan / M. Möstl, Das Staatsrecht der Bundesrepublik Deutschland im europäischen Staatenverbund, 2. Aufl., München 2022, § 24, Rn. 1 m. w. N.
33   Dabei kann dahinstehen, ob die Berücksichtigung wegen Art. 110 GG, wegen des verfassungsrechtlich anerkannten Besteuerungsrechts oder unter Anbindung an die Funktionsfähigkeit des Staates (so K.-A. Schwarz, Der Gleichheitssatz, die gesetzgeberische Gestaltungsfreiheit und das Geld der öffentlichen Hand, Juristenzeitung (2001), 323) als Rechtsgut von Verfassungsrang zu qualifizieren ist.
34   Vgl. auch L. Munaretto, Der Vorbehalt des Möglichen, Tübingen 2022, S. 473; ausführlich zu den Gründen für eine Anerkennung des Vorbehalts des Möglichen ebenda, S. 83 ff.

eines Vorbehalts des (finanziell) Möglichen auf der Ebene des Unionsrechts gegenüber der nationalstaatlichen Ebene relativ gesteigert ist.[35]

4   Schluss

Wie lässt sich Vorstehendes nun mit Blick auf die Solidaritätsverpflichtung aus Artikel 222 Abs. 1 S. 2 lit. b AEUV zusammenfassen bzw. -führen? Im Katastrophenfall *muss* die Union nach Maßgabe des Solidaritätsgrundsatzes und der skizzierten Maßstäbe erwägen und abwägen, ob und in welchem Umfang sie den betroffenen Mitgliedstaat unter Einbeziehung der Umstände des Einfalles nicht zuletzt finanzwirksam unterstützt. Allerdings folgt aus der Eigenart prinzipienbasierter Leistungspflichten (und korrespondierender Leistungsrechte), dass ein Mitgliedstaat aus Artikel 222 Abs. 1 S. 2 lit. b AEUV kaum einen Anspruch auf Unterstützung vor der Unionsgerichtsbarkeit wird durchsetzen können. Die Union kann sich insofern regelmäßig, wenn nicht stets auf einen Vorbehalt des (finanziell) Möglichen berufen, dem im Unionsrecht aus den genannten Gründen besonderes Gewicht beizumessen ist.

Zur Person: *Wolfram Cremer*, Prof. Dr., ist seit 2005 Inhaber des Lehrstuhls für Öffentliches Recht und Europarecht (RUB); seit 2010 Wissenschaftlicher Direktor des Instituts für Bildungsrecht und Bildungsforschung (An-Institut RUB), seit 2005 Direktor des Instituts für Berg- und Energierecht; seit 2020 Direktor des Instituts für intradisziplinäre Rechtsvergleichung; von 2010–2015 Leiter des Master-Studiengangs „Deutsches, türkisches und internationales Wirtschaftsrecht"; und seit 2022 Leiter des deutsch-französischen Bachelor- und Masterstudiengangs im nationalen und europäischen Wirtschaftsrecht.

---

35   Ähnlich L. Munaretto, a. a. O. (Fn. 34), S. 311.

Inklusion und Diversität im Bevölkerungsschutz als Herausforderung an den internationalen Menschenrechtsschutz

Vanessa Bliecke / Dilara Karmen Yaman

In Zeiten von Krisen werden bestehende Ungleichheiten und Ungerechtigkeiten oft verstärkt sichtbar. Die Auswirkungen treffen nämlich nicht alle Teile der Gesellschaft gleichermaßen. Vielmehr sind bestimmte Gruppen wie Frauen, LGBTQI*-Personen, BPoC (Black and People of Colour), Menschen mit Behinderung und Personen mit niedrigem sozioökonomischem Status überproportional stark betroffen. Diese Ungleichheiten sind das Ergebnis jahrzehntelanger systematischer Benachteiligung und der daraus resultierenden strukturellen Barrieren.[1] Daher ist es ist von entscheidender Bedeutung, dass nationale Krisenbewältigungs- und Präventionsstrategien diese Umstände berücksichtigen und ihr Handeln an einer diversen und inklusiven Strategie ausrichten. Eine inklusive Herangehensweise bedeutet, dass die Bedürfnisse und Erfahrungen aller Gruppen berücksichtigt werden müssen, um Ungleichheiten auszugleichen und sicherzustellen, dass jede*r den nötigen staatlichen Schutz erfährt. Auch unter dem Völkerrecht ist eine inklusive Strategie geboten, da universelle Menschenrechte jedem Menschen innewohnen und diese diskriminierungsfrei geachtet, geschützt und gewährleistet werden müssen.[2] Wenn bestimmte Gruppen einem höheren Risiko von Menschenrechtsverletzungen ausgesetzt sind, ist es die Pflicht des Staates, gezielte Maßnahmen zu ergreifen, um ihre Rechte zu schützen und zu gewährleisten. Diversität und Inklusion verlangen daher vom Staat einen besonderen Schutz für vulnerable Gruppen. „Vulnerabilität" bedeutet hierbei, dass bestehende Ungleichheiten aktiv angegangen und durch gezielte Maßnahmen ausgeglichen werden müssen. Dieser Beitrag beleuchtet vorhandene Schutzmechanismen von vulnerablen Gruppen in Krisensituationen aus menschenrechtlicher Perspektive. Dabei wird zunächst im ersten Abschnitt untersucht, inwieweit der internationale menschenrechtliche Schutz Vulnerabilitäten in Krisensituationen begegnet und welche Verpflichtungen Staaten zum Schutz eben solcher zukommt (1). Sodann soll anhand zwei konkreter Fallbeispiele, namentlich die Flutkatastrophe im Ahrtal 2021 sowie das Erdbeben in der Türkei und Syrien 2022, untersucht werden, wie effektiv der Schutz auf nationaler Ebene tatsächlich gelingt (2).

---

1   Vgl. C.-H.-A. Kuran et al. (2020): Vulnerability and vulnerable groups from an intersectionality perspective, in: International Journal of Disaster Risk Reduction 50 (2018).
2   Committee on Economic, Social and Cultural Rights (CESCR), General Comment, Right to adequate food, E/C.12/1999/5, Rn. 15.

1 Vulnerable Gruppen im Völkerrecht

Nach einem allgemeinen Überblick über krisenspezifischen Schutz vulnerabler Gruppen im internationalen Menschenrechtsschutz (1.1), soll auf die Besonderheit der Aussetzung bestimmter Rechte im Krisenkontext eingegangen werden (1.2). Abschließend wird diskutiert, inwiefern das geltende Völkerrecht dem Bedürfnis nach einem intersektionalen Verständnis der Menschenrechte gerecht wird (1.3).

1.1 Schutz vulnerabler Gruppen in Krisen

Der internationale Menschenrechtsschutz begegnet bestehenden Vulnerabilitäten traditionell durch gesonderte Konventionen mit ausdifferenzierten Regelungen zum Schutz dieser Gruppen.[3] Großer Vorreiter war hier sicherlich das Übereinkommen der Vereinten Nationen (VN) zur Beseitigung jeder Form der Diskriminierung der Frau (CEDAW)[4] von 1979. Schon in der Präambel wird angemerkt, dass trotz zahlreicher universeller Menschenrechtsverträge, Frauen immer noch weitreichenden Benachteiligungen ausgesetzt sind. Dies gilt natürlich umso drastischer im Katastrophenkontext, in denen sie u.a von einem erhöhten Risiko sexueller Gewalt und erschwerten Zugang zu Wasser, Lebensmitteln, Bildung und Gesundheitsversorgung betroffen sind.[5] Die 165 Vertragsstaaten des CEDAW-Abkommens sind dabei nicht nur rechtlich verpflichtet, von jeglicher Diskriminierung aufgrund des Geschlechts abzusehen (Artikel 2), sondern auch aktiv Maßnahmen zu ergreifen, um eine effektive und gleiche Gewährleistung und Wahrnehmung ihrer Rechte zu sichern (Artikel 3). Was dies konkret im Krisenkontext bedeuten kann, hat der CEDAW-Ausschuss in einigen allgemeinen Empfehlungen verdeutlicht. So seien Staaten beispielsweise in bewaffneten Konflikten verpflichtet, Maßnahmen zur Verhinderung geschlechtsbasierter Gewalt wie sexueller Gewalt, Zwangsehe, Zwangsprostitution und Zwangssterilisation und Menschenhandel zu treffen sowie dem erschwerten Zugang zu essentiellen Gütern, Gesundheitsversorgung und Bildung entgegenzuwirken.[6] Ähnliche Beobachtungen und Empfehlungen

---

3   Siehe hierzu: V. Bliecke/P. Thielbörger/D. K. Yaman, Diversität im Katastrophenkontext: Ein rechtlicher Überblick, in: IFHV/Bündnis Entwicklung Hilft (Hrsg.), WeltRisikoBericht, S. 15–19, https://weltrisikobericht.de/wp-content/uploads/2024/01/WorldRiskReport_2023_english_online.pdf (abgerufen am 05.04.2024).

4   Convention on the Elimination of All Forms of Discrimination against Women, 18.12.1979, 1249 UNTS 13.

5   Vgl. F.-N. Aoláin, Women, vulnerability, and humanitarian emergencies, in: Mich. J. Gender & L. 18 (2011).

6   Committee on the Elimination of Discrimination against Women (CCEDAW), General recommendation No. 30 on women in conflict prevention, conflict and post-conflict situations, 18.10.2013, CEDAW/C/GC/30, Rn. 34–41.

hat der Ausschuss auch bzgl. natürlicher (Umwelt-) Katastrophen gemacht.[7] Während zum Schutz von Frauen auf internationaler (und auch regionaler)[8] Ebene also bereits seit einigen Jahrzehnten ein recht ausdifferenziertes rechtliches Schutzsystem existiert, das durch allgemeine Bemerkungen auch den Krisenkontext spezifisch adressiert, zeichnet sich für andere vulnerable Gruppen ein ganz anderes Bild ab. So werden beispielsweise LGBTIQ*-Personen trotz weitverbreiteter Diskriminierung und Benachteiligung nicht durch eine spezielle Konvention geschützt. Dies ändert freilich nichts an der Tatsache, dass auch sie den Schutz der universellen Menschenrechte genießen. Die signifikanten Rechtsverletzungen in zahlreichen Staaten machen jedoch auf drastische Art und Weise deutlich, dass Staaten ihren dahingehenden menschenrechtlichen Verpflichtungen nicht nachkommen (wollen). Um entsprechend einen höheren Schutzstandard zu erreichen, haben 2006 Expert*innen aus verschiedenen Bereichen die Yogyakarta Prinzipien[9] entwickelt, die als Interpretationshilfe des geltenden Menschenrechtsschutzes dienen. Diese Prinzipien betonen, dass LGBTQI*-Personen Anspruch auf Menschenrechte und Grundfreiheiten in vollem Umfang haben, unabhängig von ihrer sexuellen Orientierung oder geschlechtlichen Identität. Sie fordern die umfassende Beseitigung von Diskriminierung, Gewalt und Folter aufgrund sexueller Orientierung und geschlechtlicher Identität. Während sich die Prinzipien selbst kaum zum Krisenkontext äußern, hat der UN-Sonderberichterstatter zur sexuellen Orientierung und Geschlechtsidentität im Jahr 2022 zentrale Erkenntnisse zu Sicherheit und bewaffneten Konflikten vorgelegt, in denen die besondere Vulnerabilität von LGBTQI*-Personen in bewaffneten Konflikten festgestellt wird und den Staaten konkrete Handlungsempfehlungen aufgezeigt werden.[10] Zum Schutz von Black and People of Colour (BPoC)[11] gibt es mit der International Convention on the Elimination of All Forms of Racial Discrimination (ICERD)[12] wiederum ein spezifisches völkerrechtliches Instrument, dessen zuständiger Ausschuss zwar bisher keine krisenspezifischen Empfehlungen ver-

---

7   CCEDAW, General recommendation No. 37 (2018) on the gender-related dimensions of disaster risk reduction in the context of climate change, 13.03.2018, CEDAW/C/GC/37.

8   Auf europäischer Ebene ist hier besonders an die der Istanbul-Konvention des Europarates zu denken, die spezifische Regelungen zur Bekämpfung von Gewalt und Diskriminierung, insbesondere auch häuslicher Gewalt, gegen Frauen enthält, Council of Europe Convention on preventing and combating violence against women and domestic violence, 11.05.2011, CETS No. 210.

9   Yogyakarta Principles, www.yogyakartaprinciples.org (abgerufen am 02.04.2024).

10 UNGA, Report of the Independent Expert on protection against violence and discrimination based on sexual orientation and gender identity, Victor Madrigal-Borloz, 27.07.2022, A/77/235.

11 Siehe zur besonderen Betroffenheit in Krisensituationen z. B. rassistisch motivierte Zwischenfälle im Fluchtkontext des russischen Angriffskriegs, CBS NEWS, Black Ukraine refugees allege discrimination while trying to escape Russian invasion, in: CBS NEWS, 12.03.2022, https://www.cbsnews.com/news/black-ukraine-refugees-racism-discrimination-russian-invasion/ (abgerufen am 02.04.2024).

12 International Convention on the Elimination of All Forms of Racial Discrimination, 07.03.1966, 660 UNTS 195.

öffentlicht hat, dafür höchst relevante Empfehlungen zu Diskriminierung in Fluchtkontexten und *racial profiling*.[13] Zudem sind die Diskriminierungsverbote der allgemeinen Menschenrechtsverträge von besonderer Relevanz geworden. So beinhalten sowohl der Internationale Pakt über Bürgerliche und Politische Rechte (IPbPR)[14] als auch der Internationale Pakt über wirtschaftliche, soziale und kulturelle Rechte (IPwskR)[15] Diskriminierungsverbote, die es den Staaten untersagen, aufgrund bestimmter Merkmale – u. a. *race, colour, language and national origin* – ungerechtfertigt zu differenzieren. Auch wenn diese Klauseln die Möglichkeit der Rechtfertigung von Ungleichbehandlungen vorsehen und gleichfalls für andere Gründe (wie z. B. das Geschlecht) gelten, ist nach nahezu einhelliger Auffassung eine Diskriminierung aufgrund der *Race* und Hautfarbe unter keinen Umständen zu rechtfertigen.[16] Das ausdifferenzierteste Schutzsystem insbesondere für den Krisenkontext besteht schließlich für Menschen mit Behinderung. So wurde im Jahr 2006 aufgrund zahlreicher nationaler Defizite im Umgang mit Menschen mit Behinderung mit der VN-Behindertenrechtskonvention (VN-BRK)[17] ein internationales Menschenrechtsinstrument geschaffen, das die volle und gleichberechtigte Teilhabe von Menschen mit Behinderung sicherstellen soll. Neben der Bekräftigung allgemeiner Menschenrechte enthält die VN-BRK eine Vielzahl spezieller, auf die Lebenssituation behinderter Menschen abgestimmter Regelungen (z. B. Artikel 9 zur Barrierefreiheit). Artikel 11 VN-BRK geht dabei explizit auf den Krisenkontext ein und verpflichtet die Staaten, alle erforderlichen Maßnahmen zu ergreifen, um den Schutz und die Sicherheit von Menschen mit Behinderung in Krisensituationen zu gewährleisten. Die VN-BRK ist damit das einzige Vertragswerk, das der besonderen Vulnerabilität in Krisensituationen schon im Vertragstext selbst Rechnung trägt. Wie im Jahresbericht 2021 des Sonderberichterstatters für die Rechte von Menschen mit Behinderung zu bewaffneten Konflikten betont wird, darf die Verpflichtung zum „Schutz" in Artikel 11 VN-BRK nicht im Sinne paternalisierender Ansätze verstanden werden (Rn. 16 f.).[18] Es gibt zwar noch keine allgemeine Bemerkung zu Artikel 11 VN-BRK, der Ausschuss geht aber in verschiedenen seiner Bemerkungen auf Besonderheiten in Krisensituationen ein und formuliert schon recht spezifische Verpflichtungen, wie z. B. zur Barrie-

---

13 Committee on the Elimination of Racial Discrimination (CCERD), General recommendation XXII on article 5 of the Convention on refugees and displaced persons, enthalten in A/51/18; CCERD, General recommendation No. 36 (2020) on preventing and combating racial profiling by law enforcement officials, 17.12.2020, CERD/C/GC/36.

14 International Covenant on Civil and Political Rights, 16.12.1966, 999 UNTS 171; Arts. 2(1), 26.

15 International Covenant on Economic, Social and Cultural Rights, 16.12.1966, 993 UNTS 3, Art. 2(2).

16 Z. B. Europäischer Gerichtshof für Menschenrechte (EGMR), Timishev v. Russia, Urteil v. 13.12.2005, Rn. 58.

17 Convention on the Rights of Persons with Disabilities, 13.12.2006, 2515 UNTS 3.

18 UNGA, Report of the Special Rapporteur on the rights of persons with disabilities, G. Quinn, 19.07.2021, A/76/146.

refreiheit von Warnsystemen und Notdiensten.[19] Die allgemeine Bemerkung Nr. 6 zu Artikel 5 VN-BRK zur Nichtdiskriminierung und Gleichheit vor dem Gesetz widmet schließlich einen gesamten Abschnitt der Situation im Krisenkontext und fordert, dass Menschen mit Behinderungen gleichberechtigt in die nationalen Notfallprotokolle aufgenommen und in Evakuierungsszenarien in vollem Umfang berücksichtigt werden müssen und nennt konkrete Maßnahmen hierfür.[20] Insgesamt lässt sich also erkennen, dass das Völkerrecht durch spezifische Abkommen und insbesondere durch die Arbeit der Vertragsorgane der besonderen Vulnerabilität bestimmter Personen Rechnung trägt. Es lässt sich aber auch beobachten, dass dies nicht für alle Gruppen gilt und dass die besonderen rechtlichen Schutzpflichten in Krisen durch die Ausschüsse oft nur sehr oberflächlich beschrieben werden, sodass – wie sich im zweiten Kapitel dieses Beitrags zeigen wird – signifikante Umsetzungsdefizite bestehen.

1.2 Abweichungen und Außerkraftsetzen in Krisensituationen

Die überwiegende Anzahl der Menschenrechtsverträge enthält Klauseln, die die Möglichkeit einer Abweichung (z. B. Artikel 15 Europäische Menschenrechtskonvention (EMRK))[21] oder sogar die Suspendierung bestimmter Rechte im Krisenfall (z. B. Artikel 4(1) ICCPR) vorsehen. Solche Klauseln sollen staatlichen Interessen und besonderen Schwierigkeiten im Krisenkontext Rechnung tragen. Auch wenn die Staaten einen gewissen Ermessensspielraum haben,[22] ob eine Ausnahmesituation vorliegt und welche Maßnahmen ein Staat für erforderlich hält, sind solche Klauseln rechtlich kein Freibrief. Den Staaten sind enge Grenzen gesetzt, die einen Missbrauch verhindern sollen. Dies zeigt sich zunächst schon in den verfahrensrechtlichen Anforderungen. So müssen die Staaten eine Abweichung bzw. Außerkraftsetzung in der Regel den zuständigen Organen notifizieren und genau benennen, welche Normen aus welchen Gründen außer Kraft gesetzt werden (z. B. Artikel 4 Abs. 3 IPbpR). Dies schafft Transparenz, die es den Institutionen und anderen Mitgliedstaaten ermöglicht, die Situation zu beobachten und zu kontrollieren. Darüber hinaus gibt es Normen, von denen auch im Krisenfall nicht abgewichen werden darf, wie z. B. das Recht auf Leben und das Verbot von Folter und erniedrigender oder unmenschlicher Behandlung (Artikel 4

---

19 Committee on the rights of persons with disabilities (CCRPD): General comment No. 2 on Article 9: Accessibility (GC No. 2), 22.05.2014, CRPD/C/GC/2, Rn. 36; CCRPD, General comment No. 3 (2016) on women and girls with disabilities, 25.11.2016, CRPD/C/GC/3, Rn. 49; CCRPD, General comment No. 4 (2016) on the right to inclusive education, 25.11.2016, CRPD/C/GC/4, Rn. 14.

20 CCRPD, General comment No. General comment No. 6 (2018) on equality and non-discrimination (GC No. 6), 26.04.2018, CRPD/C/GC/6; Rn. 43–46.

21 Convention for the Protection of Human Rights and Fundamental Freedoms, 04.11.1950, 213 UNTS 221.

22 Z. B. EGMR, Ireland v. the United Kingdom, Urteil v. 18.01.1978, Rn. 207.

Abs. 1 IPbpR). Darüber hinaus bestimmt Artikel 4 Abs. 1 IPbpR ausdrücklich, dass keine Abweichung erfolgen darf, die eine Diskriminierung allein wegen der Rasse, der Hautfarbe, des Geschlechts, der Sprache, der Religion oder der sozialen Herkunft darstellt. Letztlich sind einer solchen Aussetzung aber vor allem durch das Gebot einer strikten Verhältnismäßigkeitsprüfung enge Grenzen gesetzt (z. B. General Comment Nr. 29 zu Artikel 4 IPbpR, Rn. 4–6).[23] Derartige Maßnahmen sind sowohl hinsichtlich ihres räumlichen als auch ihres sachlichen Geltungsbereichs auf das durch die Notlage unbedingt Erforderliche zu beschränken und müssen von den Staaten einer sorgfältigen Prüfung unterzogen werden. Diese Prüfung umfasst insbesondere auch die Verpflichtung, sicherzustellen, dass schutzbedürftige Gruppen nicht unverhältnismäßig von solchen Ausnahmeregelungen betroffen sind. Dies wird auch dadurch besonders deutlich, dass weder CEDAW, ICERD noch die VN-BRK die Möglichkeit einer Abweichung oder Außerkraftsetzung vorsehen. In der Praxis hat sich jedoch zunehmend gezeigt, dass Staaten zwar national die Einschränkung von Rechten mit Krisensituationen begründen, international aber keine formelle Abweichung erklären und u. a. auch Rechte einschränken, die eigentlich keine Einschränkungsmöglichkeit vorsehen.[24] Eine weitere besondere Grenze der Einschränkbarkeit wird durch das Verbot gezogen, Menschenrechte in nicht ihrem „Wesensgehalt", d. h. in ihrer Essenz oder ihrem Kerngehalt zu beeinträchtigen: Egal, welche Krise einen Staat trifft, er muss diesen Kerngehalt immer gewährleisten.[25]

1.3 Intersektionales Verständnis

Die Analyse zeigt, dass staatliche Schutzverpflichtungen häufig nur isolierte Schutzstandards für einzelne Gruppen normieren. Dies führt jedoch zu einer Blindheit gegenüber sich überlagernden Diskriminierungsformen. Es entstehen Schutzdefizite, weil sich gegenseitig verstärkende Diskriminierungsformen nicht berücksichtigt werden. So wirkt sich beispielsweise der sozioökonomische Status von Menschen auf andere bestehende Diskriminierungsgründe aus und kann deren Wirkung potenzieren. Dem versucht ein intersektionaler Ansatz zu begegnen. Das Verständnis von Intersektionalität gewinnt in der politischen Debatte zunehmend an Bedeutung und stellt einen Versuch dar, mehrdimensionale Diskriminierungsformen und ihre Wech-

---

23 Human Rights Council (HRC), General comment no. 29 – states of emergency (article 4), 31.08.2001, CCPR/C/21/Rev.1/Add.11.

24 L. Helfer, Rethinking Derogations from Human Rights Treaties, in: American Journal of International Law, 115 (1) (2020), S. 20.

25 P. Thielbörger, The ‚essence' of International Human Rights, in: German Law Journal (Cambridge University Press), 924.

selwirkungen zu analysieren.[26] Der intersektionale Ansatz geht historisch insbesondere auf die Befreiungskämpfe Schwarzer Frauen im 19. Jahrhundert zurück und hat mittlerweile auch Eingang in die Völkerrechtswissenschaft gefunden. So wird z. B. in der Allgemeinen Empfehlung des CEDAW-Ausschusses anerkannt, dass Frauen keine homogene Gruppe sind und Diskriminierungen mehrdimensional sind.[27] Darauf baut die VN-BRK sogar schon im Vertragstext selbst auf, indem sie in Artikel 6 anerkennt, dass Frauen und Mädchen mit Behinderung mehrfachen Diskriminierungen ausgesetzt sind und die Staaten verpflichtet, Maßnahmen zu ergreifen, um dem entgegenzuwirken. Auch die Existenz der Allgemeinen Empfehlung Nr. 18[28] zu Frauen mit Behinderungen und Nr. 39[29] zu indigenen Frauen sind starke Indizien für ein intersektionales Verständnis. Explizit erwähnt wird Intersektionalität auch in verschiedenen Allgemeinen Empfehlung und Bemerkungen, in denen Intersektionalität u. a. als mehrdimensionale Diskriminierung anerkannt und betont wird, dass es für einen umfassenden Menschenrechtsschutz notwendig ist, Diskriminierungsformen facettenreich zu verstehen und mit spezifischen Maßnahmen zu bekämpfen.[30] Wenn die Staaten in vollem Umfang berücksichtigen, dass sich Diskriminierungen überlappen und verstärken, wäre dies ein erster wichtiger Schritt hin zu konkreten und schutzintensiveren Maßnahmen. Nur durch ein solches Verständnis kann ein umfassender Menschenrechtsschutz gewährleistet werden, der dann vielleicht auch tatsächlich dem Anspruch der Universalität gerecht wird.

2. Konkrete Fallbeispiele – Katastrophenschutz in Deutschland und in der Türkei

Vor dem Hintergrund der herausgestellten völkerrechtlichen Rahmenbedingungen sollen im folgenden Abschnitt zwei Fallbeispiele auf die Effektivität des Bevölkerungsschutzes spezifisch für zwei vulnerable Gruppen untersucht werden. Hierzu wird zu-

---

26 Demokratie leben, Chancen intersektionaler Ansätze für die rassismuskritische und diskriminierungssensible Arbeit, https://www.demokratie-leben.de/magazin/magazin-details/chancen-intersektionaler-ansaetze-75 (abgerufen am 11.04.2024); Y. Alaoui, Was für eine feministische Außen- und Entwicklungspolitik wichtig ist, https://vorwaerts.de/meinung/was-fur-eine-feministische-aussen-und-entwicklungspolitik-wichtig-ist (abgerufen am 11.04.2024).

27 CCEDAW, General recommendation No. 30 on women in conflict prevention, conflict and post-conflict situations, 18.10.2013, CEDAW/C/GC/30, Rn. 6–7.

28 CCEDAW, General recommendation No. 18: Disabled women, enthalten in A/46/38.

29 CCEDAW, General recommendation No. 39 (2022) on the rights of Indigenous women and girls, 31.10.2022, CEDAW/C/GC/39.

30 Z. B. CCERD, General recommendation No. 32 – The meaning and scope of special measures in the International Convention on the Elimination of All Forms Racial Discrimination, 24.09.2009, CERD/C/GC/32; CCRPD, General comment No. 3 on Art. 6 – women and girls with disability, 25.11.2016, CRPD/C/GC/3, paras. 13, 17 (e).

nächst die Flutkatastrophe im Ahrtal in Deutschland 2021 im Hinblick auf den Schutz von Menschen mit Behinderung (2.1) und anschließenden das Erdbeben in der Türkei hinsichtlich des Schutzes queerer Menschen (2.2) untersucht.

2.1 Die Ahrtalkatastrophe 2021

Nach langanhaltenden Regenfällen kam es im Juli 2021 zu verheerenden Überflutungen in Nordrhein-Westphalen und Rheinlandpfalz, denen insgesamt über 130 Menschen zum Opfer fielen und die zu weitreichenden Zerstörungen geführt haben. Unter den Opfern befanden sich auch 12 Bewohner*innen einer Einrichtung für Menschen mit Behinderung.[31] Im Folgenden soll nun untersucht werden, inwieweit diese Vorkommnisse Verletzungen der BRK durch Deutschland offengelegt haben. Dazu lassen sich insgesamt drei Anknüpfungspunkte identifizieren: Zunächst soll untersucht werden, ob die behördliche Ablehnung der Kostentragung für eine zweite Nachtwache in der konkreten Einrichtung eine Verletzung der BRK darstellt (2.1.1). Sodann soll untersucht werden, inwiefern Deutschland den Verpflichtungen unter Artikel 11 BRK insgesamt nachgekommen ist, ein inklusives Katastrophenmanagement zu schaffen (2.1.2) und inwiefern die in Deutschland weit verbreitete Praxis der Unterbringung in zentralen Einrichtungen die Tragödie wenigstens begünstigt und damit ggf. auch gegen Verpflichtungen aus der BRK verstoßen hat (2.1.3). Abschließend wird noch untersucht, ob sich nach den Ereignissen aus 2021 eine Entwicklung abzeichnet, die eine effektivere Umsetzung der BRK darstellt (2.1.4).

2.1.1 Ablehnung einer zweiten Nachtwache

Bei der betroffenen Einrichtung in der rheinland-pfälzischen Stadt Sinzig handelt es sich um einen aus zwei Gebäuden bestehenden Komplex, die circa. 250 Meter voneinander entfernt sind. In der Nacht der Flut, die schließlich 12 Bewohner*innen der Einrichtung das Leben kostete, war lediglich eine einzige Betreuungsperson (Nachtwache) vor Ort, die anderen lediglich in Rufbereitschaft. Während diese Person die Bewohner*innen eines der beiden Gebäude evakuierte, ertranken alle bis auf eine sich im Erdgeschoss des anderen Gebäudes befindlichen Personen.[32] Wie sich aus Medienberichten im Nachhinein bestätigte, wurde bereits im Vorfeld im Brandschutzkontext darauf hingewiesen, dass die Besetzung durch lediglich eine Nachtwache ein erhebliches Sicherheitsrisiko

---

31   Im Überblick: V. Bliecke/C. M. Borck, Drowning in Negligence. The Structural Shortcomings of Germany's Approach to Inclusion-Oriented Disaster Management, Völkerrechtsblog 12.12.2023, https://voelkerrechtsblog.org/de/drowning-in-negligence/ (abgerufen am 02.04.2024).

32   K. Brunner/E. Garbsch/A. Madjidi, Behinderung und Katastrophenschutz: Rette sich, wer kann, in: Zeit Online, 11.07.2023, https://www.zeit.de/gesellschaft/2023-07/behinderung-katastrophenschutz-barrierefreiheit-ahrtal (abgerufen am 02.04.2024).

darstellen würde. So sei laut Medienberichten bereits im Jahr 2015 festgestellt worden, dass eine einzige Nachtwache allein in dieser konkreten Einrichtung nicht ausreichend sei, um Evakuierungsmaßnahmen einzuleiten und ggf. Rettungskräfte anzuleiten. Trotzdem wurden zusätzliche Gelder für eine zweite Nachtwache von den zuständigen Landräten abgelehnt.[33] Stattdessen wurde ein Umbau der betroffenen Einrichtung geplant, der u. a. die Gruppengröße verkleinern sollte, um im Brandfall besser agieren zu können. Dieser Umbau war allerdings 2021, also sechs Jahre nach der Brandschutzprüfung, noch nicht abgeschlossen. Eine zusätzliche Nachtwache wurde trotzdem, auch während des Umbaus, nicht bewilligt.[34] Fraglich ist nun, ob diese Ablehnung einer zweiten Nachtwache mit den internationalen Verpflichtungen aus menschenrechtlichen Verträgen, insbesondere der BRK, kollidiert. Zunächst ist festzustellen, dass die Einrichtung der Lebenshilfe als privater Träger selbst nicht völkerrechtspflichtig ist. Möglich wäre, auf ein staatliches Unterlassen rechtzeitiger Warnungen vor den Fluten abzustellen. Allerdings sind die konkreten Geschehnisse an dem Tag der Flut in der Stadt Sinzig noch weitreichend ungeklärt. So wird teilweise behauptet, es hätte keine eindeutigen Warnungen seitens der Behörden und Feuerwehren und entsprechende Evakuierungsaufträge gegeben. Dies wird seitens der zuständigen Feuerwehr in der Stadt Sinzig jedoch vehement bestritten.[35] Vor dem Hintergrund dieser faktischen Unsicherheiten beschränkt sich diese rechtliche Untersuchung auf die behördliche Ablehnung der zweiten Nachtwache als konkreten staatlichen Akt, der sich am Maßstab der Menschenrechte messen lassen muss. In Betracht kommen hier verschiedene normative Anknüpfungspunkte, insbesondere das Recht auf Leben in seiner Schutz- und Gewährleistungsdimension (z. B. Artikel 6 IPbpR und Artikel 10 BRK) sowie Artikel 11 BRK, der spezifisch den Krisenkontext regelt. Artikel 10 BRK bekräftigt das universell geltende Recht eines jeden Menschen auf Leben und ordnet gleichzeitig an, dass Staaten alle Maßnahmen ergreifen müssen, um eine gleichberechtigte Wahrnehmung des Rechts auf Leben durch Menschen mit Behinderung zu gewährleisten. Dies spiegelt die allgemeine Verpflichtung aus Artikel 4 Abs. 1 BRK wider, die den Staaten auferlegt, notwendige Maßnahmen zu ergreifen, um eine volle und gleichberechtigte Wahrnehmung der Menschenrechte zu gewährleisten. Das Recht auf Leben ist nicht einschränkbar und steht auch nicht unter dem Vorbehalt der progressiven Verwirklichung, sodass Staaten zur sofortigen Umsetzung verpflichtet sind. Indem Artikel 10 BRK die Staaten dazu auffordert, alle notwendigen Maßnahmen zu ergreifen, um eine volle und gleichberechtigte Wahrnehmung des Rechts auf Leben gewährleisten zu können, formuliert der Ver-

---

33   A. Spilcker, Akten offenbaren, wie Dreyer-Regierung Behinderte im Stich ließ, Focus Online, 19.10.2022, https://www.focus.de/politik/deutschland/ahrtal-12-menschen-starben-weil-das-land-keine-zweite-nachtwache-zahlte_id_167021130.html (abgerufen am 02.04.2024).

34   K. Brunner/E. Garbsch/A. Madjidi, a. a. O. (Fn. 32).

35   *Ibid.*

tragstext der BRK explizit eine Gewährleistungsverpflichtung des Rechts auf Leben, die in anderen Verträgen zwar auch hereingelesen, jedoch nicht explizit genannt wird. Da der Staat durch die Unterlassung der Bewilligung der zweiten Nachtwache nicht aktiv in das Recht auf Leben der Menschen eingegriffen hat, ist die zentrale rechtliche Frage also, wie weit diese Schutz- und Gewährleistungspflicht des Rechts auf Leben unter besonderer Berücksichtigung der sich aus der BRK ergebenden Besonderheiten reicht.

Grundsätzlich ist anerkannt, dass die menschenrechtliche Schutz- und Gewährleistungspflicht Staaten verpflichtet, sämtliche erforderlichen Maßnahmen zu treffen, um das Leben vor allen vernünftigerweise vorhersehbaren Bedrohungen zu schützen.[36] Dies umfasst grundsätzlich auch vorhersehbare Bedrohungen durch Naturkatastrophen. Nun ließe sich durchaus argumentieren, dass diese in der deutschen Geschichte einzigartigen Fluten keine solch vorhersehbare Bedrohung darstellten. Diesem Argument lässt sich aber entgegenhalten, dass das konkrete Ausmaß der Überschwemmung vielleicht nicht vorhersehbar war, dass die personelle Unterbesetzung aber jedenfalls im Brandschutzkontext schon als enormes Risiko identifiziert wurde. Der Brandschutz stellt eindeutig ein vorhersehbares Risiko dar, welches – wie das Vorhandensein des Brandschutzkonzeptes auch zeigt – grundsätzlich auch tatsächlich vorhergesehen wurde. Letztlich hat zwar nicht ein Brand den Tod der Personen herbeigeführt. Es ist jedoch anerkannt, dass die Gewährleistungspflicht des Rechts auf Leben sich auch auf vernünftigerweise vorhersehbare Bedrohungen und lebensbedrohliche Situationen erstreckt, die *potentiell* zum Verlust von Leben führen können.[37] Die Vertragsstaaten können das Recht auf Leben also auch verletzen, wenn solche Bedrohungen und Situationen letztlich nicht zum Verlust von Leben führen. Dies muss erst recht dann gelten, wenn ein bereits identifiziertes Sicherheitsrisiko (hier im Brandschutzkontext) letztlich aus anderen Gründen (Überschwemmung) zum Verlust des Lebens führt. Ein weiterer Erst-Recht-Schluss lässt sich auch auf faktischer Ebene ziehen: Wenn schon eine Nachtwache im Falle eines Brandes, der im Regelfall nur einen Gebäudekomplex betreffen würde, als nicht ausreichend bewertet wurde, muss dies erst recht für Gefahren gelten, die beide Gebäude gleichzeitig betreffen. Die Möglichkeit, dass eine eintretende Gefahrensituation – welcher Art auch immer – beide Gebäudekomplexe gleichzeitig betrifft, ist von den Entscheidungsträgern daher offensichtlich überhaupt nicht in Betracht gezogen worden. Wäre diese Option nämlich erkannt worden, hätte sich jedem vernünftigen Entscheidungsträger aufdrängen müssen, dass die Besetzung durch eine Nachtwache zur Evakuierung oder Durchführung von Rettungsmaßnahmen beider Gebäudekomplexe absolut unzureichend ist. Selbst wenn man also annimmt, dass eine

---

36 HRC, General comment No. 36 – Article 6: right to life (GC No. 36), 03.09.2019, CCPR/C/GC/36, Rn. 18.
37 *Ibid.*

Überschwemmung diesen Ausmaßes für die Entscheidungsträger *innen nicht vorhersehbar gewesen ist, ändert dies nichts daran, dass die Nichtbewilligung einer zweiten Nachtwache ein vorhersehbares (und auch tatsächlich vorhergesehenes) Sicherheitsrisiko begründet hat, dass sich auch konkret im Tod von 12 Menschen verwirklicht hat. Die zuständigen Entscheidungsträger*innen scheinen also die Reichweite ihrer Gewährleistungspflicht des Rechts auf Leben eklatant verkannt zu haben. Diese Schlussfolgerung wird durch eine Zusammenschau von Artikel 10 BRK und Artikel 11 BRK bekräftigt, die systematisch schon durch ihre Stellung unmittelbar nacheinander indiziert wird. Wie eingangs dargelegt, erlegt Artikel 11 BRK den Staaten explizit die Verpflichtung auf, alle erforderlichen Maßnahmen zu ergreifen, um die Sicherheit von Menschen mit Behinderung in Gefahrsituationen, einschließlich Naturkatastrophen, zu gewährleisten. Artikel 11 BRK konkretisiert damit die staatliche Gewährleistungspflicht für den (Natur-) Katastrophenkontext. Da es noch an einer Auslegung des Artikels durch den Ausschuss fehlt, herrscht noch viel rechtliche Unklarheit hinsichtlich des konkreten normativen Gehalts. Aus einer Zusammenschau der bisherigen Bemerkungen durch den Ausschuss lässt sich aber gut argumentieren, dass das Vorhandensein von ausreichend Personal für potentielle Evakuierungsoptionen sehr wohl als eine unter Artikel 11 BRK erforderliche Maßnahme zu bezeichnen ist. So heißt es in der allgemeinen Bemerkung Nr. 2 zur Barrierefreiheit zu Artikel 11 BRK, dass Notdienste immer barrierefrei und für alle zugänglich sein müssen, da sonst das Leben von Menschen mit Behinderung nicht geschützt werden kann.[38] Weiterhin heißt es in der allgemeinen Bemerkung Nr. 6 zur Gleichberechtigung und Nicht-Diskriminierung, dass Personen mit Behinderung effektiv in Evakuierungsszenarien inkludiert werden müssen.[39] Zusammengelesen lässt sich daraus schließen, dass Evakuierungsszenarien zwar als *obligation of conduct* nicht zwingend erfolgreich, aber immer barrierefrei zugänglich sein müssen. Während Zugänglichkeit und Barrierefreiheit meistens mit der Möglichkeit assoziiert werden, Gebäude betreten zu können, gilt dies natürlich auch für das Verlassen von Gebäuden. Im konkreten Fall sind die Bewohner*innen ertrunken, weil es für sie keine effektiven Evakuierungsoptionen zum Verlassen des sich mit Wasser füllenden Raumes gab. Auch dies stellt nach hier vertretenem Verständnis ein Zugänglichkeitsproblem dar. Wichtig ist dabei anzumerken, dass der Ausschuss die Herstellung von Barrierefreiheit und Zugänglichkeit als *ex-ante* Verpflichtung begreift, also eine Verpflichtung, die greift, bevor eine Person sich darauf beruft. Zudem gilt diese Verpflichtung auch unbedingt, das heißt im Gegensatz zur Verpflichtung im Einzelfall angemessene Vorkehrungen zur Gewährleistung von Rechten zu treffen (Artikel 5 Abs. 3 BRK), gilt die Pflicht zur Herstellung von Zugänglichkeit unabhängig von den damit verbun-

---

38   CCRPD, GC No. 2, a. a. O. (Fn. 19), Rn. 36.
39   CCRPD, GC No. 6, a. a. O. (Fn. 20), Rn. 46.

denen Umständen für den Vertragsstaat.[40] Für beide Gebäude eine Nachtwache zu haben, die das physische Verlassen des Gebäudes unterstützt, hätte eine wirksame Möglichkeit sein können, die Zugänglichkeit der Evakuierungsoptionen zu ermöglichen. Dementsprechend hätte es, um zugängliche Evakuierungsmaßnahmen überhaupt ermöglichen zu können, mindestens einer zweiten Nachtwache gebraucht. Auf etwaige Kostengründe kann sich der Staat aufgrund der Unbedingtheit der Verpflichtung, Hilfe in Notsituationen zugänglich zu machen, nicht berufen. Etwas anderes könnte sich ergeben, sollte man die Abdeckung durch genügend Personal für potentielle Evakuierungsmaßnahmen als angemessene Vorkehrung im Sinne des Artikel 5 Abs. 3 BRK begreifen. Vorkehrungen in diesem Sinne müssen immer dann getroffen werden, wenn ein potenzieller Pflichtenträger hätte erkennen müssen, das möglicherweise Vorkehrungen zur Beseitigung von Hindernissen bei der Ausübung von Rechten erforderlich sind.[41] Dies ist, insbesondere hinsichtlich der bereits offengelegten Bedenken im Brandschutzkontext, hier unstreitig anzunehmen. Allerdings kann sich der Staat von der Unterlassung solcher Maßnahmen exkulpieren, wenn das Einstellen einer zweiten Person ein *disproportionate or undue burden* darstellen würde. Ein ähnlicher Maßstab ist auch für die allgemeine Schutz-und Gewährleistungspflicht des Rechts auf Leben anerkannt. Auch hier ist ein Staat nur insoweit aufgefordert, Maßnahmen zu ergreifen, als diese keine *disproportionate burdens* für den Staat darstellen.[42] Um festzustellen, ob es sich bei der Einstellung einer zweiten Nachtwache um eine *undue burden* handelt, sind die zu erbringenden Aufwendungen mit dem Ziel, also dem zu schützenden Recht, abzuwägen.[43] Diese Abwägung muss auf objektiven Kriterien beruhen und hängt auch von der Dauer der Beziehung zwischen dem Pflichtenträger und dem Rechteinhaber ab.[44] Konkret geht es hier um den Schutz des Rechts auf Leben, einem zentralen Menschenrecht von hohem Gewicht. Zudem befinden sich die Bewohner*innen solcher Einrichtungen in einem extremen Nähe-, wenn nicht sogar Abhängigkeitsverhältnis, zur Einrichtungsleitung und dadurch mittelbar auch zu staatlichen Entscheidungs- und Kostenträgern. Die Einstellung einer weiteren Nachtwache ist auf der anderen Seite unstreitig mit einer signifikanten Erhöhung der Kosten verbunden und es ließe sich zu Gunsten der Entscheidungsträger anführen, dass zusätzliche Mitarbeiter*innen in Rufbereitschaft eingestellt waren. Verglichen mit ähnlichen Einrichtungen zeigt sich aber, dass im bundesweiten Vergleich mindestens zwei Präsenz-Nachtwachen den Durchschnitt darstellen. Zudem sind auch die Besonderheiten des aus zwei Gebäuden bestehenden Komplexes und der damit verbundenen völligen Unzulänglichkeit der Abde-

---

40 CCRPD, GC No. 2, a. a. O. (Fn. 19), Rn. 25.
41 CCRPD, GC No. 6, a. a. O. (Fn. 20), Rn. 24.
42 HRC, GC No. 36, a. a. O. (Fn. 36), Rn. 21.
43 CCRPD, GC No. 6, a. a. O. (Fn. 20), Rn. 26.
44 *Id.,* Rn. 27.

ckung durch lediglich eine Nachtwache zu berücksichtigen, sodass insgesamt, insbesondere vor dem Hintergrund des wichtigen Schutzgutes des Rechts auf Leben, nicht von einem unverhältnismäßigen Aufwand ausgegangen werden kann. Auch wenn also die Einstellung einer weiteren Nachtwache als angemessene Vorkehrung i. S. d. Artikel 5 Abs. 3 BRK zur Gewährung des Rechts auf Leben zu verstehen ist, wären die zuständigen Stellen unter Artikel 5 Abs. 3 i. V. m. Arts. 10, 11 BRK zu ihrer Bewilligung verpflichtet gewesen. Im Ergebnis sprechen also gewichtige Argumente dafür, die Ablehnung einer zweiten Nachtwache als direkte Verletzung von Artikel 10 i. V. m. Artikel 11 (ggf. i.V.m. Artikel 5 Abs. 3) BRK einzuordnen.

2.1.2 Inklusives Katastrophenmanagement in Deutschland

Während das Deutsche Institut für Menschenrechte einige positive Entwicklungen hinsichtlich der Barrierefreiheit bundesweiter Warnsysteme attestierte[45], lassen sich bei Bewertung der deutschen Rechtslage vor der Katastrophe von 2021 einige erhebliche Mängel feststellen, die auf gesetzgeberische Untätigkeit zurückzuführen sind und eine umfassende Umsetzung von Artikel 11 CRPD verhindern.[46] Die gesetzgeberische Verantwortung für den Katastrophenschutz in Friedenszeiten liegt in Deutschland bei den Ländern, die praktische Umsetzung hauptsächlich auf kommunaler Ebene. So gibt es in Deutschland eine Vielzahl unterschiedlicher regionaler Konzepte für den Katastrophenschutz. Folglich wären klare Regelungen und Richtlinien auf Bundesebene (oder zumindest auf der Ebene der Bundesländer) erforderlich, um sicherzustellen, dass die kommunalen Konzepte im Einklang mit Artikel 11 CRPD stehen, indem sie Menschen mit Behinderungen tatsächlich in ihre Katastrophenschutzstrategien einbeziehen. Allerdings wird derzeit nur in zwei der 16 Katastrophenschutzgesetze der Länder die Einbeziehung von Menschen mit Behinderungen überhaupt erwähnt (sehr vage in § 7 Abs. 3 BHKG Nordrhein-Westfalen, besonders umfangreich und ausdifferenziert in §§ 3 Abs. 3, 4 Abs. 4, 5 Abs. 5 Landesgesetz über den Brandschutz, die allgemeine Hilfe und den Katastrophenschutz, Rheinland-Pfalz). Ähnlich verhält es sich auf Bundesebene: Obwohl es mehrere Initiativen zur Förderung inklusiver humanitärer Maßnahmen im Ausland gegeben hat, gibt es nur wenige bis gar keine offiziellen Leitlinien für die Einbeziehung von Menschen mit Behinderungen in das nationale Katastrophenmanagement. Dieses Fehlen von Regelwerken auf zentraler Ebene führt dazu, dass viele kommunale Stellen Menschen mit Behinderung gar nicht einbeziehen oder berück-

---

45 German Institute For Human Rights (DIMR), Parallel Report to the UN Committee on the Rights of Persons with Disabilities for Germany's 2nd/3rd State Party review procedure, July 2023, https://www.institut-fuer-menschenrechte.de/fileadmin/Redaktion/Publikationen/Parallelbericht/DIMR_Parallel_Report_to_the_UN_Committee_on_the_Rights_of_Persons_with_Disabilities_2023.pdf (abgerufen am 02.04.2024), Rn. 39.

46 So auch: *Id.*, Rn. 40.

sichtigen und damit ihre Verpflichtungen aus Artikel 11 CRPD völlig vernachlässigen. Vor diesem Hintergrund ist es nicht verwunderlich, dass der Ausschuss in seinen abschließenden Bemerkungen zu Deutschland seine Besorgnis über das Fehlen einer „übergreifenden, behindertengerechten und menschenrechtsbasierten Strategie zur Katastrophenvorsorge" zum Ausdruck brachte.[47]

2.1.3 Institutionalisierung: Unterbringung in zentralen Wohneinrichtungen

Neben dem Versäumnis, wirksame rechtliche Rahmenbedingungen zu schaffen, lässt sich auf gesamtgesellschaftlicher Ebene ein strukturelles Defizit erkennen, das eng mit der Ahrtal-Tragödie verknüpft ist: der Mangel an effektiven Deinstitutionalisierungsstrategien, also an Bestrebungen, Menschen mit Behinderung effektiv in die Gesellschaft zu inkludieren, statt sie in Heimen und Betreuungseinrichtungen unterzubringen. Das Risiko für die 12 Verstorbenen wäre signifikant geringer gewesen, wenn sie dezentral und individualisiert in die Gesellschaft integriert worden wären. Nach Angaben des Deutschen Instituts für Menschenrechte lebt immer noch fast die Hälfte aller Menschen mit Behinderungen, die Wohngeld beziehen, in Heimen und die Zahl ist im letzten Jahrzehnt sogar leicht gestiegen. Obwohl Deutschland in seinem zweiten und dritten Staatenbericht behauptet, einen Deinstitutionalisierungsprozess eingeleitet zu haben,[48] zeigen diese Zahlen, dass Deutschland nicht in der Lage ist, effektiv für inklusivere und selbstbestimmte Wohnformen zu sorgen. Der Ausschuss hat mehrfach Bedenken gegen solche Unterbringungsformen geäußert (und Deutschland dafür bereits 2015[49] und auch in seinen jüngsten Abschließenden Bemerkungen gerügt[50]), da sie in starkem Kontrast zu Artikel 19 CRPD, dem Recht auf unabhängige Lebensführung und Einbeziehung in die Gemeinschaft, stehen. In seiner Allgemeinen Bemerkung Nr. 5 aus dem Jahr 2017 forderte der Ausschuss die Staaten auf, wirksame Strategien zur Deinstitutionalisierung und individualisierte Unterstützungsdienste einzuführen, da das Leben in Wohneinrichtungen häufig die tatsächliche Wahrnehmung der Rechte der Bewohner*innen auf einer gleichberechtigten Basis mit anderen limitiert.[51] Diese Art der Unterbringung schränkt häufig die Selbstbestimmung, die Teilhabe an der

---

47 CCRPD, Concluding observations on the combined second and third periodic reports of Germany, 03.10.2023, CRPD/C/DEU/CO/2–3, Rn. 23.

48 CCRPD, Combined second and third reports submitted by Germany under article 35 of the Convention, pursuant to the optional reporting procedure, due in 2019, 21.12.2021, CRPD/C/DEU/2–3, Rn. 167 f.

49 CCRPD, Concluding observations on the initial report of Germany, 13.05.2015, CRPD/C/DEU/CO/1, Rn. 41 f.

50 CCRPD, Concluding Observations Germany, a. a. O. (Fn. 47), Rn. 33.

51 CCRPD, General comment No.5 on Article 19 – the right to live independently and be included in the community, 27.10.2017, CRPD/C/GC/5, Rn. 54 f.

Gesellschaft (vor allem, wenn solche Wohnheime an abgelegenen Orten liegen), die Privatsphäre sowie die persönliche und körperliche Autonomie der Bewohner*innen ein. Das Konzept der Unterbringung von Menschen mit Behinderungen in speziellen Betreuungseinrichtungen geht auf ein stark veraltetes (medizinisches) Behinderungsverständnis zurück, das sich darauf beschränkt, Menschen mit Behinderungen „warm, satt und sauber" zu halten. Obwohl die modernen Ansätze solcher Einrichtungen heute weit über diesen Ansatz hinausgehen und in Anerkennung der Menschenwürde und dem der BRK zugrundeliegendem menschenrechtlichem Verständnis tatsächlich darauf abzielen, Inklusion und Selbstbestimmung zu ermöglichen, spiegelt die Realität der meisten dieser Einrichtungen diesen Wandel jedoch nicht vollständig wider. Personalmangel und fehlende finanzielle Mittel mögen hier eine Rolle spielen, doch der Hauptgrund ist wohl die immer noch vorherrschende falsche Vorstellung, dass paternalisierende Ansätze im besten Interesse der Menschen mit Behinderungen und zu ihrem „Schutz" notwendig sein. Wie der tragische Tod von zwölf Personen während des Hochwassers in Sinzig gezeigt hat, ist dieser Ansatz nicht nur verfehlt, sondern zudem äußerst schädlich und führt im schlimmsten Fall sogar zum Verlust von Menschenleben. Das Leben in Heimen kreiert und erhöht Vulnerabilitäten, nicht nur für die Folgen von Gefahren- und Notsituationen wie Naturkatastrophen oder Brände, sondern auch für Infektionskrankheiten und psychische, physische und sexuelle Gewalt, Demütigung und Vernachlässigung durch Betreuer*innen und andere Bewohner*innen. Daher ist ein strukturelles Umdenken im Sinne einer effektiven Deinstitutionalisierung notwendig, um Vulnerabilitäten zu reduzieren, Leben zu schützen und den effektiven Genuss der Menschenrechte auf einer gleichberechtigten Basis mit anderen zu garantieren – in Gefahrensituationen, aber auch im täglichen Leben.[52]

2.1.4 Nach der Katastrophe: In Richtung eines inklusiven Bevölkerungsschutzes?

Nach den verheerenden Ereignissen im Sommer 2021 hat es auf allen Ebenen viele Entwicklungen gegeben. Die im Sommer 2023 von der deutschen Regierung vorgestellte neue Resilienzstrategie fordert die Einbeziehung von Menschen mit Behinderungen in allen Phasen der Krise (Prävention, Reaktion und Wiederaufbau).[53] Obgleich dieses Rahmenwerk eher generische Anforderungen formuliert und wenig ins Detail geht, ist es doch ein erster wichtiger Impuls für zukünftige Reformvorhaben auf Länder- oder

---

52   Vgl. V Bliecke/C. M. Borck, a. a. O. (Fn. 38).
53   Deutsche Strategie zur Stärkung der Resilienz gegenüber Katastrophen, https://www.bmi.bund. de/SharedDocs/downloads/DE/publikationen/themen/bevoelkerungsschutz/BMI22017 resilienzkatastrophen.pdf;jsessionid=FCCBC2F39EDC23A4314DFB7AEFEB446F.2_ cid287?__blob=publicationFile&v=2 (abgerufen am 02.04.2024).

kommunaler Ebene. Da sich einige der Ländergesetze zum Katastrophenschutz aktuell in der Überarbeitung befinden, bleibt zu hoffen, dass dieser Impuls auch von den Gesetzgebern der Länder aufgegriffen wird. Nichtsdestotrotz fehlen mehr als zwei Jahre nach der Tragödie noch immer konkrete Hinweise, wie genau ein inklusives Katastrophenmanagement geschaffen werden kann. Die Kommunen bleiben diesbezüglich also zunächst weiter auf sich allein gestellt. Nicht überraschend, dass Medienanfragen an die zuständigen Behörden in Sinzig dahingehend unkonkret und nicht zufriedenstellend blieben.[54] Auch vergleichbare Anfragen zur Gewährleistung eines inklusiven Katastrophen Managements an fünf Kommunen in NRW durch die Verfasserinnen des Beitrags im Vorfeld der Konferenz blieben unbeantwortet.[55] Dies deutet auf die Wichtigkeit hin, das Thema stärker in den Fokus sämtlicher Beteiligten zu rücken, um den Kommunen konkrete Handlungsempfehlungen an die Hand geben zu können. Ein umfassendes Forschungsvorhaben der Universität Tübingen zum Thema der inklusiven Katastrophenhilfe in Deutschland gibt Hoffnung, dass deren wissenschaftliche Erkenntnisse Akteur*innen auf allen Ebenen zu einem Umdenken motivieren werden.[56] Deutschland muss jetzt aktiv werden und für substanzielle und umfassende rechtliche Rahmenbedingungen sorgen, um Todesfälle zu verhindern und die Gefährdung von Menschen mit Behinderungen zu verringern. Solange Deutschland jedoch keine wirksamen Maßnahmen zur Deinstitutionalisierung ergreift, werden alle Bemühungen wohl nur die Symptome und nicht die Ursache behandeln.

2.2 Herausforderungen von LGBTQI* Personen beim Erdbeben in der Türkei und in Syrien

Am 24. Januar 2023 ereignete sich ein schweres Erdbeben in der Grenzregion zwischen der Türkei und Syrien. Das Erdbeben hatte eine geschätzte Stärke von 7,0 auf der Richterskala und verursachte erhebliche Zerstörungen in beiden Ländern. In der Türkei war vor allem die Provinz Şanlıurfa betroffen, während in Syrien die Regionen um die Stadt Hasakah stark geschädigt wurden. Die Auswirkungen des Erdbebens waren hierbei verheerend. Zahlreiche Gebäude stürzten ein, darunter Wohnhäuser, Geschäfte und öffentliche Einrichtungen. Tausende von Menschen wurden obdachlos und viele verloren ihr Leben oder wurden schwer verletzt. Internationale Hilfsorganisationen sowie benachbarte Länder boten der Türkei Unterstützung an, um den

---

54 K. Brunner/E. Garbsch/A. Madjidi, a. a. O. (Fn. 39).

55 Anfragen durch Verfasserinnen an Behörden in Bochum, Herne, Dortmund, Essen und Gelsenkirchen vom 12.09.2023.

56 Eberhard Karls Universität Tübingen, Project KIM – Status quo disaster management and the inclusion of people with disabilities in Germany, https://fit.uni-tuebingen.de/Project/Details?id=10442 (abgerufen am 11.04.2024).

Betroffenen zu helfen und die Notlage zu bewältigen. Die Regierungen der Türkei und Syriens leiteten gemeinsame Rettungs- und Wiederaufbaubemühungen ein, um die betroffenen Gemeinden wieder aufzubauen und den Opfern beizustehen. Zunächst werden die vorherrschende Herausforderungen von queeren Menschen im Rahmen des Erdbebens beschrieben (2.2.1), um anschließend analysieren zu können, ob die Türkei und Syrien ihren menschenrechtlichen Verpflichtungen entsprochen und die besondere Vulnerabilität von LGBTQI* Menschen in dem Katastrophenzustand berücksichtigt haben (2.2.2).

2.2.1 Vorherrschende Herausforderungen von LGBTQI* Menschen

Nach dem Erdbeben in der Türkei und in Syrien waren LGBTQI* Personen mit einer Reihe von Herausforderungen konfrontiert, die ihre bereits vulnerable Situation verschärften. Eines der Hauptprobleme war der Mangel an Sensibilisierung und die Diskriminierung seitens humanitärer Hilfsorganisationen. LGBTQI* Personen berichteten von Schwierigkeiten, angemessene Unterstützung zu erhalten, da viele Organisationen nicht ausreichend sensibilisiert waren für ihre spezifischen Bedürfnisse. Ein Beispiel hierfür ist, dass LGBTQI* Personen in Syrien nach dem Erdbeben Schwierigkeiten hatten, humanitäre Hilfe zu bekommen, da sie als „zu queer" betrachtet wurden. Dies zeigt, wie Vorurteile und mangelnde Sensibilisierung zu einer Benachteiligung dieser Gemeinschaft führen können. Eine weitere Herausforderung bestand darin, dass LGBTQI* Personen oft von Gemeinschaftsversammlungen und Zufluchtsorten ausgeschlossen wurden, was ihr Risiko erhöhte, isoliert und schutzlos zu sein. Zwei Transpersonen zum Beispiel wurden im Rahmen eines Hilfegesuchs in einer Moschee von einem Mann für das Erdbeben verantwortlich gemacht und dabei als „Kreaturen" beschimpft, weshalb sie lieber die Nacht ohne Obdach verbracht haben.[57]

Insgesamt verdeutlichen diese Beispiele die Notwendigkeit, die Bedürfnisse und Rechte von LGBTQI* Personen in Notfallsituationen angemessen zu berücksichtigen und sicherzustellen, dass sie Zugang zu sicherer Unterstützung und Ressourcen haben, ohne Angst vor Diskriminierung oder Gewalt haben zu müssen. Sie zeigen aber auch, dass Naturkatastrophen wie Erdbeben oft bereits bestehende soziale Ungleichheiten verstärken können und es daher wichtig ist, Bevölkerungsschutzmaßnahmen auf vulnerable Gruppen auszurichten, da in Katastrophen auch die Gefahr besteht, dass durch bestehende Ungleichheiten die Unsichtbarkeit von vulnerablen Gruppen bezweckt wird.

---

57   J. Kessler, LGBTQ+ Syrians face discrimination after surviving earthquake, https://xtramagazine.com/power/relief-lgbtq-turkey-syria-earthquake-fundraiser-246391 (abgerufen am 02.04.2024).

2.2.2 Konkrete menschenrechtliche Verpflichtungen

Menschenrechtliche Verpflichtungen ergeben sich sowohl aus internationalen als auch aus nationalen Regelungen, wobei hierbei die nationalen Regelungen zur Ausfüllung der internationalen Verpflichtungen heranzuziehen sind. Im Rahmen der internationalen Regelungen ist insbesondere der Internationaler Pakt über wirtschaftliche, soziale und kulturelle Rechte (IPwskR)[58] von Relevanz. Die Türkei trägt als Mitgliedstaat dieser Abkommen auch internationale vertragliche Verpflichtungen, die sie im Rahmen der Erdbebenkatastrophe einhalten müssen. Mangels spezifischer Abkommen zum Schutz querer Menschen, ist hier auf die universellen Menschenrechtsverträge zurückzugreifen, insbesondere auf Artikel 12 IPwskR. Artikel 12 IPwskR normiert hierbei eine allgemeine Verpflichtung einen angemessenen Lebensstandard für jeden einzelnen Menschen zu schaffen, ungeachtet dessen, ob dieser Mensch queer ist oder nicht. Nach den allgemeinen Bemerkungen zu Artikel 12 IPwskR ist das Recht auf Gesundheit dogmatisch gesehen ein facettenreiches Recht, da es auf anderen menschenrechtlichen Regelungen aufbaut und diese unmittelbar voraussetzt.[59] Dazu zählen das Recht auf Nahrung, Wohnen, Arbeit, Bildung, Menschenwürde, Leben, Nichtdiskriminierung, Gleichheit, das Verbot von Folter, Privatsphäre, Zugang zu Informationen sowie die Freiheiten der Vereinigung, Versammlung und Bewegung. Diese und weitere Rechte und Freiheiten berühren wesentliche Bestandteile des Rechts auf Gesundheit.[60] Das Recht auf Gesundheit legt wie alle Menschenrechte drei Dimensionen von Verpflichtungen für die Vertragsstaaten fest: die Verpflichtungen zu achten, zu schützen und zu gewährleisten.[61] Die Verpflichtung zu achten erfordert, dass Staaten sich enthalten, das Recht auf Gesundheit direkt oder indirekt zu beeinträchtigen. Die Verpflichtung zu schützen erfordert, dass Staaten Maßnahmen ergreifen, die Dritte daran hindern, die Garantien des Artikels 12 IPwskR zu beeinträchtigen. Schließlich erfordert die Gewährleistungsdimension, dass Staaten angemessene gesetzgeberische, administrative, haushaltsmäßige, gerichtliche und andere Maßnahmen zur vollen Verwirklichung des Rechts auf Gesundheit ergreifen.[62] Der Pakt sieht hierbei eine fortschreitende Verwirklichung vor und erkennt Einschränkungen aufgrund begrenzter Ressourcen an, legt aber auch verschiedene unmittelbare Verpflichtungen der Vertragsstaaten fest. Vertragsstaaten haben unmittelbare Verpflichtungen in Bezug auf das Recht auf Gesund-

---

58 International Covenant on Economic, Social and Cultural Right (ICESCR), 16 December 1966, UNTS 993.

59 CESCR, General Comment No. 14 (2000) on substantive issues arising in the implementation of the International Covenant on Economic, Social and Cultural Rights (GC No. 14), 11 August 2000, E/C.12/2000/4, Rn. 1–3.

60 CESCR, GC No. 14, a. a. O. (Fn. 59), Rn. 3.

61 CESCR, GC No. 14, a. a. O. (Fn. 59), Rn. 33.

62 *Ibid.*

heit wie insbesondere, dass das Recht ohne Diskriminierung jeder Art gewährt wird (Artikel 2.2 IPwskR) und dass Schritte (Artikel 2.1 IPwskR) zur vollen Verwirklichung von Artikel 12 zu unternehmen sind.[63] Solche Schritte müssen bewusst, konkret und auf die vollständige Verwirklichung des Rechts auf Gesundheit ausgerichtet sein. Die fortschreitende Verwirklichung bedeutet, dass die Vertragsstaaten eine spezifische und fortlaufende Verpflichtung haben,[64] sich so schnell und wirksam wie möglich auf die vollständige Verwirklichung von Artikel 12 IPwskR zuzubewegen. Wie bei allen anderen Rechten im Pakt besteht die Ansicht, dass rückläufige Maßnahmen in Bezug auf das Recht auf Gesundheit nicht zulässig sind.[65]

3 Schutzverpflichtung und Achtungsverpflichtung: Queerfeindliche Übergriffe

Im Rahmen des Artikel 12 IPwskR hat der türkische Staat vertragliche Schutzverpflichtungen, welche insbesondere die nichtdiskriminierende Gewährleistung des Artikel 12 IPwskR umfasst.[66] Ob der türkische Staat seine internationalen Verpflichtungen erfüllt, ist sowohl an den nationalen gesetzlichen Regelungen als auch den staatlichen Maßnahmen im Rahmen der Erdbebenkatastrophe zu messen.

Auf nationaler Ebene ist hierbei vor Allem ein Blick in die Verfassung vorzunehmen. Die türkische Verfassung in Artikel 17 sieht hierbei ein starkes und unantastbares Recht auf körperliche Unversehrtheit vor. Der von dem türkischen Präsidenten ausgerufene Notstand[67] im Rahmen seines Notstandsrecht nach Artikel 119 der türkischen Verfassung ändert an dem Recht der körperlichen Unversehrtheit nichts, da die Ausnahmeregeln des Rechts nicht vorliegen und damit die Aussetzung von Grundrechten und Grundfreiheiten, wie es der Artikel 15 der türkischen Verfassung vorsieht, nicht einschlägig ist. Damit hat der türkische Staat weiterhin zu gewährleisten, dass in die körperliche Unversehrtheit von Menschen, LGBTQI* Personen freilich inbegriffen, nicht eingegriffen wird. Berichte von Übergriffen auf die körperliche Integrität und Sicherheit von queeren Menschen lassen daran zweifeln, ob der türkische Staat ausreichend der Schutzverpflichtungen, vor allem der nichtdiskriminierenden Gewährleistung, nachgekommen ist. Neben physischen Übergriffen kam es zudem auch vermehrt zu verbalen Übergriffen. Berichte bestätigen, dass Beleidigungen und Hassreden für queere Menschen im

---

63   CESCR, GC No. 14, a. a. O. (Fn. 59), Rn. 30.
64   CESCR, General Comment No. 13 on the right to education (article 13) (1999), 08.12.1999, E/C.12/1999/1, Rn. 43.
65   CESCR, GC No. 13, a. a. O. (Fn. 64), Rn. 45.
66   CESCR, GC No. 14, a. a. O. (Fn. 59), Rn. 14.
67   Q. Sommerville et. al., Turkey earthquake: Erdogan announces three-month state of emergency in quake area, https://www.bbc.com/news/world-europe-64548985 (abgerufen am 02.04.2024).

Rahmen der Krise vermehrt zur Realität wurden. Obwohl vor einem Jahrzehnt vorsichtige Entwicklungen zu beobachten waren und das oberste türkische Gericht entschieden hat, dass die Beleidigung von Schwulen Menschen Hassrede darstellt,[68] ist eine solche stringente Handhabe gegenüber LGBTQI* Menschen nicht ersichtlich. Auch der Versuch durch eine Verfassungskommission die Verfassung explizit auch auf LGBTQI* Menschen auszurichten[69] ist 2013 gescheitert.[70] Damit schaffte der türkische Staat nicht nur die Schutzlücken selbst, sondern entriss sich damit auch die Möglichkeit im Rahmen der Katastrophe angemessen auf reproduzierte Queerfeindlichkeit zu reagieren. Die Dringlichkeit einer queerfreundlichen Auslegung, welche LGBTQI* Leben angemessen berücksichtigt und damit umfangreich alle Menschenrechte auch für queere Menschen zu gewährleisten, wurde auch von einer Expert*innenkommission erkannt, welche konsequenterweise daher die Yogyakarta-Prinzipien entwickelt haben. Diese sieht eine Auslegung der universellen Menschenrechte und damit auch denklogisch die in den Staaten niedergeschriebenen Verfassungsrechte im Rahmen von queeren Perspektiven vor, um eine facettenreiche Gewährleistung von Rechten sichern zu können.

Im Rahmen der rechtlichen Schutz- und Achtungsverpflichtung im Rahmen des Artikel 12 IPwskR fällt aber auch auf, dass der türkische Staat kein eigenes Anti-Diskriminierungsgesetz hat. Im Vergleich zu europäischen Staaten, die Antidiskriminierungsgesetze infolge einer Umsetzung von europäischen Richtlinien geschaffen haben[71], hat die Türkei als EU-Beitrittskandidat keinen solchen Umsetzungsdruck. Neben dem fehlenden Umsetzungsdruck lässt sich jedoch in der türkischen Gesellschaft auch strukturell bestehende Queerfeindlichkeit erkennen. Beispiele hierfür sind unter Anderem Repressalien gegenüber LGBTQI* Aktivist*innen und die Einschränkung ihrer Meinungs- und Versammlungsfreiheit und zuletzt auch Gewalt in Form von Übergriffen, Morde und Hassverbrechen gegenüber LGBTQ* Personen.[72] Diese Queerfeindlichkeit wird dadurch nicht nur durch private Akteur*innen reproduziert, sondern insbesondere auch durch staatliche Akteur*innen befeuert. Auch der türkische Präsident zum Beispiel brachte nach der Erdbebenkatastrophe im Rahmen einer Rede zum Aus-

---

68 Anayasa Mahkemesi, Urteil v. 5.05.204, Nr. 2013/5356, https://www.resmigazete.gov.tr/eskiler/2014/07/20140716-9.pdf (abgerufen am 02.04.2024).

69 T24, LGBT haklarına anayasada değil, gerekçede tahammül edebildiler, https://t24.com.tr/haber/anayasa-komisyonu-lgbt-haklarinda-uzlasti,236767 (abgerufen am 02.04.2024).

70 G. Solaker, Hopes fade for a new Turkish constitution, https://www.reuters.com/article/us-turkey-constitution-idUSBRE9AH0OV20131118 (abgerufen am 02.04.2024).

71 M. Benecke, Rechtsvergleich der europäischen Systeme zum Antidiskriminierungsrecht, https://www.antidiskriminierungsstelle.de/SharedDocs/forschungsprojekte/DE/Expertise_Rechtsvergleich_europ_Systeme.html (abgerufen am 10.04.2024).

72 Tagesschau, Wie die LGBTQ-Szene unter Druck steht, https://www.tagesschau.de/ausland/europa/lgbtq-tuerkei-100.html (abgerufen am 10.04.2024).

druck, dass er gegen LGBTQI* Menschen ist.[73] Diese gewachsene Ungleichbehandlung und Ablehnung von queeren Menschen entfalten in Krisen auch weiterhin ihre Wirkung, indem LGBTQI* Personen nicht gleichermaßen geholfen wird, die getätigte Hilfe nicht nach ihren Bedürfnissen ausgerichtet ist und aufgrund der herrschenden Ablehnung und fehlenden öffentlichen Strukturen, die Vulnerabilität von LGBTQI* Personen steigt. Damit kann man festhalten, dass der türkische Staat nicht nur im Katastrophenzustand, sondern auch in Abwesenheit von Katastrophen seinen Schutz- und Achtungsverpflichtungen nicht nachgekommen ist. Insbesondere die staatliche Reproduktion von Queerfeindlichkeit schlug sich auch während der Erdbebenkatastrophe nieder. Aufgrund der strukturellen reproduzierten staatlichen Queerfeindlichkeit kann festgehalten werden, dass es für den türkischen Staat auch vorhersehbar war, dass diese Queerfeindlichkeit sich in allen gesellschaftlich relevanten Umständen ebenfalls niederschlagen wird: damit auch in einer Umweltkatastrophe. Dem türkischen Staat kann daher nicht nur Inkompetenz vorgeworfen werden, sondern vielmehr staatliche Befeuerung der Strukturen, welche ihre gefährliche Wirkung dann entfalteten, wenn Menschen besonders auf Hilfe angewiesen sind.

4 Gewährleistungsverpflichtung: Verfügbare und zugängliche Infrastruktur

Nach der Allgemeinen Bemerkung Nr. 14 des Menschenrechtsausschusses ist ein Grundpfeiler des Rechts auf Gesundheit, dass grundsätzlich funktionierende öffentliche Gesundheitseinrichtungen und einfache Unterkünfte vorhanden sein müssen.[74] Die genaue Art und das Niveau dieser Einrichtungen können zwar nach verschiedenen Faktoren, einschließlich des Entwicklungsstandes des Staates, variieren. Der Kerngehalt des Rechts ist aber dennoch, dass es sicheres und genießbares Trinkwasser, angemessene sanitäre Einrichtungen, Krankenhäuser, Kliniken und Medikamente gibt.[75] Insbesondere die Medikamente, die nach der Weltgesundheitsorganisation auf der Liste der unverzichtbaren Medikamente stehen, werden von dem Kerngehalt und dem Minimumstandard erfasst.[76] Unter Anderem werden auf dieser Liste Testosteron und Östrogen, welche für eine Transition nötig sind, aufgeführt. Diese Medikamente waren nach Berichten im Erdbebengebiet nicht mehr verfügbar. Zwar war in dem Zeitraum

---

73   The Guardian, We're against LGBT': Erdoğan targets gay and trans people ahead of critical Turkish election, https://www.theguardian.com/global-development/2023/may/12/lgbt-recep-tayyip-erdogan-targets-gay-trans-rights-critical-turkish-election (abgerufen am 02.04.2024).

74   CESCR, GC No. 14, a. a. O. (Fn. 59), Rn. 43.

75   *Ibid.*

76   World Health Organisation, WHO Model List of Essential Medicines – 23rd list (2023), 26 July 2023, WHO/MHP/HPS/EML/2023.02, https://www.who.int/publications/i/item/WHO-MHP-HPS-EML-2023.02 (abgerufen am 02.04.2024).

die öffentliche Infrastruktur samt Krankenhäusern entweder zerstört worden oder immens überbelastet. Doch die Nichtverfügbarkeit der Medikamente für eine Hormonersatztherapie tangiert dennoch die Verpflichtungen, den Kerngehalt des Artikel 12 IPwskR zu erfüllen.

Öffentliche Gesundheitseinrichtungen müssen zudem auch zugänglich sein. Nach den allgemeinen Bemerkungen ist der Zugang unter mehreren Facetten zu betrachten, insbesondere aber im Lichte der Nichtdiskriminierung und der physischen Zugänglichkeit. Demnach ist die physische Zugänglichkeit so zu gestalten, dass auch vulnerable Gruppen und Minderheiten der Zugang möglich ist.[77] Der Verweis auf Artikel 2.2 IPwskR und die nicht abschließend geregelten Diskriminierungsgründe, wie es der Wortlaut „or other status" zeigt, zeichnet einen Grundriss darüber, gegenüber welchen Gruppen eine Diskriminierung möglich ist. Auch wenn die sexuelle Orientierung nicht wörtlich genannt ist, nimmt der Menschenrechtsausschuss dies als Diskriminierungsgrund an.[78] Damit sind schwule, lesbische und bisexuelle Menschen über das Merkmal der sexuellen Orientierung geschützt. Fraglich ist ferner, inwieweit Trans- und Interpersonen erfasst sind. Grundsätzlich betreffen Transpersonen und Interpersonen das Merkmal des Geschlechts, doch der Menschenrechtsausschuss scheint in seiner Allgemeinen Bemerkung von einem binären Geschlechtssystem auszugehen.[79] Selbst bei einer engen Interpretation schließt dies aber einen Schutz nicht aus, da Trans- und Interpersonen auch jeweils Geschlechtern zugeteilt werden können. Demnach sind sowohl Trans- als auch Interpersonen über das Merkmal des Geschlechts geschützt und der Zugang zu Gesundheitseinrichtungen darf diesen gegenüber auch nicht auf diskriminierende Weise beschränkt werden. Diese breite Anwendung nimmt der Menschenrechtsausschuss auch explizit an und hebt in seinen allgemeinen Bemerkungen hervor, dass das Recht auf Gesundheit neben der Geschlechterperspektive auch eine starke Nichtdiskriminierungsperspektive hat.[80] Der Zugang zu öffentlicher Gesundheitsversorgung ist neben der Nichtdiskriminierung im Lichte der drei Dimensionen der Menschenrechte zu betrachten. Insbesondere hat der Staat nicht nur eigenen Verpflichtungen, den Zugang ohne Diskriminierungen zu gestalten, gleichzeitig hat er auch die Verpflichtung, Dritte davon abzuhalten, diskriminierendes Verhalten einzuschränken, sodass die Wahrnehmung des Rechts nicht erschwert und tangiert wird.[81]

Queere Menschen, welche sonst auch schon im Alltag marginalisiert wurden, erfuhren diese Marginalisierung auch nach der Erdbebenkatastrophe. Nach Berichten der Grup-

---

77   CESCR, GC No. 14, a. a. O. (Fn. 59), Rn. 12.
78   CESCR, GC No. 14, a. a. O. (Fn. 59), Rn. 18.
79   CESCR, GC No. 14, a. a. O. (Fn. 59), Rn. 20.
80   CESCR, GC No. 14, a. a. O. (Fn. 59), Rn. 12.
81   CESCR, GC No. 14, a. a. O. (Fn. 59), Rn. 35.

pe „Antep Queer LGBTI+ Solidarity"[82] hatte der Hass, welcher ohnehin schon in der Gesellschaft verankert ist, zugenommen, sodass queere Menschen nicht zu Schutzunterkünften und Sammelplätzen gehen konnten. Auch berichteten zwei Transpersonen von explizitem Hass und Beleidigungen in einer Sammelunterkunft, sodass sie um ihrer Sicherheit willen nicht in dieser Unterkunft verblieben sind.

Indem die staatlichen Sammelunterkünfte nicht auf queere Bedürfnisse ausgerichtet gewesen sind, konnten Diskriminierungen durch Dritte nicht unterbunden werden. Diese Diskriminierungen waren für den türkischen Staat aufgrund des gesellschaftlichen queerfeindlichen Klimas auch vorhersehbar, da die Queerfeindlichkeit sogar staatlich befeuert wurde, sodass die Türkei durch das Nichtunterbinden der Schutzpflicht unter dem IPwsKR nicht nachgekommen ist. Doch auch eigenes Handeln durch den Staat stellte eine direkte Verletzung darf indem die Unterkünfte Bedürfnisse von vulnerablen Gruppen nicht gerecht wurden: Beispiele sind hierbei fehlende Sanitäranlagen und Trinkwasser für Frauen[83]: dabei sind aber überschneidend auch menstruierende Transpersonen, Interpersonen und Nichtbinäre Personen betroffen gewesen. Einen weiteren Kerngehalt stellt auch die Zurverfügungstellung von Medikamenten dar. Die Rechte von queeren Menschen im Rahmen des Notstandes wurden zudem verletzt, indem notwendige Medikamente, die im Rahmen einer Hormonersatztherapie nötig waren, nicht zur Verfügung standen.[84]Auch aber die mangelnde Zurverfügungstellung von Räumen für queere Menschen stellte eine direkte Verletzung dar. Folglich hat damit die Türkei den Minimalstandard des Rechts auf Gesundheit im Rahmen einer Erdbebenkatastrophe nicht gewährleisten können.

5 Fazit

Zusammenfassend waren damit LGBTQI* Personen mit einer Vielzahl von Herausforderungen konfrontiert, die ihre ohnehin schon vulnerable Situation verschärften.

In Bezug auf die menschenrechtlichen Verpflichtungen der Türkei ergaben sich verschiedene Probleme. Trotz rechtlicher Garantien für das Recht auf körperliche Unversehrtheit und Diskriminierungsschutz wurden LGBTQI* Personen weiterhin Opfer queerfeindlichen Übergriffe, sowohl durch staatliches Handeln als auch durch Dritte. Die fehlende Ausrichtung der Katastrophenhilfe auf die Bedürfnisse von LGBTQI*

---

82   E. Kepenek, LGBTI+ and trans people in Gaziantep avoid assembly areas due to hate speech, https://bianet.org/haber/lgbti-and-trans-people-in-gaziantep-avoid-assembly-areas-due-to-hate-speech-273935 (abgerufen am 02.04.2024).

83   S. Schick, Erdbeben in der Türkei: Schlimme Zustände für Frauen und Queers, https://www.nd-aktuell.de/artikel/1171739.jahrhundert-katastrophe-erdbeben-in-der-tuerkei-schlimme-zustaende-fuer-frauen-und-queers.html (abgerufen am 02.04.2024).

84   CESCR, GC No. 14, a. a. O. (Fn. 59), Rn. 41.

Personen verstieß daher wie aufgeführt gegen das Recht auf Gesundheit nach Art 12 IPwskR. Doch auch auf nationaler Eben lassen sich große Lücken in dem Diskriminierungsschutz entdecken, die leider auf bewusster und staatlich ausgerichteter Politik gegen queere Menschen beruht.

Die Türkei hat damit die grundlegenden Standards des Rechts auf Gesundheit während einer Erdbebenkatastrophe nicht eingehalten. Das bewusste Ignorieren dieser Tatsache zeigt, dass neben nationaler Aufklärung über queere Rechte, eine internationale Regelung über queere Menschenrechte nötig ist. Entgegen der allgemeinen Auffassung sind solche queeren Rechte nicht eigenständige Rechte, sondern sind integrale Bestandteile von bestehenden Menschenrechten. Die fehlende Kompetenz diese zu erkennen und staatliches Handeln danach auszurichten, könnte mit der stärkeren Anwendung der Yogyakarta+10 Prinzipien verbessert werden.[85] Diese Interpretationsleitlinien können Staaten unterstützend im Rahmen ihres Handelns dienen oder gar Staaten, die bewusst queere Rechte ignorieren, zum Handeln anregen. Diese Herangehensweise ist auch zwingend notwendig, um einen facettenreichen und substantiellen Schutz für queere Menschen zu gewährleisten, der nicht nur im Alltag, sondern erst recht in Katastrophen gilt.

Zur Person: *Vanessa Bliecke* ist ist Wissenschaftliche Mitarbeiterin am Institut für Friedenssicherungsrecht und humanitäres Völkerrecht (IFHV) und Doktorandin an der juristischen Fakultät der Ruhr-Universität Bochum. Sie hat Rechtswissenschaften in Bochum mit einem Schwerpunkt im internationalen Recht studiert.

Dilara Karmen Yaman ist studentische Mitarbeiterin am Institut für Friedenssicherungsrecht und humanitäres Völkerrecht (IFHV). Sie hat Rechtswissenschaften an der Ruhr-Universität Bochum mit einem Schwerpunkt im internationalen Recht studiert.

---

85   Yogyakarta-Principles Plus 10 (Yogyakarta +10), https://yogyakartaprinciples.org/wp-content/uploads/2017/11/A5_yogyakartaWEB-2.pdf (abgerufen am 2.04.2024).

B. Bevölkerungsschutz im Bundes- und NRW-Landesrecht

Was müssen wir aus den Krisen lernen, um unsere Gesellschaft wieder zu stärken?

Sven Wolf

Während eines laufenden Untersuchungsausschusses einen wissenschaftlichen Beitrag zu verfassen oder einen Vortag zu halten, ist eine besondere Herausforderung. Denn gerade in meiner Rolle als Vorsitzender eines Untersuchungsausschusses habe ich darauf zu achten, dass während der laufenden Untersuchung des Ausschusses vorab noch keine Beweiswürdigungen durch die Mitglieder des Ausschusses veröffentlicht werden und die Vorschriften nach § 10 Abs. 3 PUAG NRW[1] geachtet werden. Daran muss ich mich selbst natürlich erst recht halten. Deswegen bitte ich um Verständnis, dass ich es bei allgemeinen Überlegungen zum Thema des künftigen Katastrophenschutzes belassen werde.

1 Vorbemerkung

Im Verlauf meiner bisherigen Arbeit im Landtag Nordrhein-Westfalen habe ich feststellen können, dass im Bereich des Katastrophenschutzes ein sehr komplexes Gefüge der Zuständigkeiten und Aufgaben zwischen Bund, Bundesländern und Kommunen besteht.

Insbesondere die wechselnden Krisen der letzten Jahre haben uns und unsere Gesellschaft immer wieder auf die Probe gestellt. Besonders die Feinde der Demokratie wollen mit den wechselnden Krisen, auf deren Beginn wir hier keinen Einfluss hatten – wie Hochwasser, Corona oder der völkerrechtswidrige Angriff des russischen Regimes auf die Ukraine – eine Schwäche unseres Staates und unserer Demokratie beweisen. Das Gegenteil ist richtig, denn wir haben diese Krisen gut gemeistert und bestanden. Jetzt ziehen wir die richtigen Schlüsse und Lehren, um bei künftigen Krisen noch besser vorbereitet zu sein. Dies ist gerade in unserer Demokratie gut möglich, da wir es gewohnt sind, Diskussionen zu führen und auch kritische Fragen zu stellen und am Schluss zu guten, gemeinsamen Schlüssen zu kommen. Das gelingt am besten in einer Demokratie und im Diskurs.

---

1 § 10 III PUAG NRW: „Vor Abschluss der Beratung über einen Gegenstand der Verhandlung haben sich die Mitglieder des Untersuchungsausschusses einer öffentlichen Beweiswürdigung zu enthalten." Gesetz über die Einsetzung und das Verfahren von Untersuchungsausschüssen des Landtags Nordrhein-Westfalen, 18.12.1984, GV. NW 1985. S. 26, zuletzt geändert durch Gesetz vom 16.11.2004, GV. NRW. S. 684, in Kraft getreten rückwirkend zum 01.07.2004.

2 Aufgabe und Nutzen der Untersuchungsausschüsse des Landtags Nordrhein-Westfalen

Aktuell befasst sich der Landtag in der 18. Wahlperiode im Untersuchungsausschuss II (Hochwasserkatastrophe)[2] mit den Ereignissen rund um den Jahrhundertregen zwischen dem 12. und 15. Juli 2021, der zu einem Jahrhunderthochwasser führte. Dabei verloren in Nordrhein-Westfalen 49 Menschen ihr Leben. Gemäß Einsetzungsbeschluss des Landtags untersucht der Ausschuss mögliche Versäumnisse, Unterlassungen, Fehleinschätzungen und etwaiges Fehlverhalten der Landesregierung, vor allem, jedoch nicht ausschließlich, der Staatskanzlei, des Ministeriums des Innern, des Ministeriums für Umwelt, Landwirtschaft, Natur- und Verbraucherschutz des Landes Nordrhein-Westfalen sowie ihrer nachgeordneten Behörden, der Wasserverbände und Talsperrenbetreiber bei der Abwehr von Gefahren für Bürgerinnen und Bürger in Nordrhein-Westfalen im Vorfeld, während und nach dem hohen Niederschlag, welcher sich im Zusammenhang mit dem Tief „Bernd" im Zeitraum vom 12. bis 15. Juli 2021 ereignete.

Bereits in der 17. Wahlperiode hatte der Landtag nach Art. 41 der Landesverfassung[3] einen entsprechenden Untersuchungsausschuss eingesetzt[4]. Dieser hat am 25.03.2022 zunächst einen Zwischenbericht[5] gemäß § 24 des Gesetzes über die Einsetzung und das Verfahren von Untersuchungsausschüssen des Landtags Nordrhein-Westfalen[6] vorge-

---

2   Einsetzung eines Untersuchungsausschusses gemäß Artikel 41 der Landesverfassung Nordrhein-Westfalen zur Hochwasserkatastrophe im Juli 2021 und dem Vorgehen der nordrhein-westfälischen Landesregierung und ihrer Behörden („PUA Hochwasserkatastrophe"), Einsetzungsbeschluss vom 21.06.2022, Drucksache 18/56.

3   Art. 41 I S. 1, 2 LV NRW: „Der Landtag hat das Recht und auf Antrag von einem Fünftel der gesetzlichen Zahl seiner Mitglieder die Pflicht, Untersuchungsausschüsse einzusetzen. Diese Ausschüsse erheben in öffentlicher Verhandlung die Beweise, die sie oder die Antragsteller für erforderlich erachten." Verfassung für das Land Nordrhein-Westfalen vom 28. Juni 1950, zuletzt geändert durch Gesetz vom 30. Juni 2020, GV. NRW. S. 644, in Kraft getreten am 14. Juli 2020.

4   Einsetzung eines Untersuchungsausschusses gemäß Artikel 41 der Landesverfassung Nordrhein-Westfalen zur Hochwasserkatastrophe im Juli 2021 und dem Vorgehen der nordrhein-westfälischen Landesregierung und ihrer Behörden („PUA Hochwasserkatastrophe"). Einsetzungsbeschluss vom 31.08.2021, Drucksache 17/14944 Neudruck.

5   Zwischenbericht des Parlamentarischen Untersuchungsausschusses V („Hochwasserkatastrophe"), Drucksache 17/16930.

6   § 24 V PUAG NRW: „Der Landtag kann vom Untersuchungsausschuss jederzeit bei Vorliegen eines allgemeinen öffentlichen Interesses oder wenn ein Schlussbericht vor Ablauf der Wahlperiode nicht erstellt werden kann, einen Zwischenbericht über den Stand der Untersuchungen verlangen. Dieser darf eine Beweiswürdigung nur solcher Gegenstände der Verhandlungen enthalten, die der Untersuchungsausschuss mit zwei Dritteln seiner Mitglieder beschlossen hat." Gesetz über die Einsetzung und das Verfahren von Untersuchungsausschüssen des Landtags Nordrhein-Westfalen, 18.12.1984,

legt, da die Beweisaufnahme zum Ende der Legislaturperiode des Landtags noch nicht abgeschlossen war.

In der 18. Wahlperiode berief mich der Landtag zum Vorsitzenden des Untersuchungsausschusses. In diese Tätigkeit kann ich die Erfahrung aus vielen vorherigen Untersuchungsausschüssen einbringen, die ich leiten durfte. Eine spannende und anspruchsvolle Aufgabe, denn neben der Gesetzgebung ist gerade die Kontrolle der Exekutive durch die Legislative eine der vornehmsten Aufgaben im Parlament.

Zu Beginn der Arbeit waren wir uns – über alle Fraktionsgrenzen hinweg – einig, dass wir mit der Fortsetzung der Arbeit aus der vorherigen Wahlperiode und nunmehr mit einem umfassenden Abschlussbericht die Arbeit angemessen und würdig zu Ende bringen wollen. Darüber hinaus haben wir uns darauf verständigt, dass wir dem Parlament umfassende Handlungsempfehlungen zur Verbesserung des Katastrophenschutzes an die Hand geben wollen.

Auch viele Organisationen haben sich mit der Hochwasserkatastrophe in Nordrhein-Westfalen und Rheinland-Pfalz intensiv beschäftigt und Empfehlungen zusammengetragen. Das Deutsche Rote Kreuz hat ein umfassendes Papier erarbeitet und insbesondere eine bessere Koordinierung auf Landesebene, mehr Resilienz – also Widerstandsfähigkeit – in der Bevölkerung und eine konsequentere Umsetzung der Katastrophenschutzpläne vor Ort eingefordert[7]. Ebenso hat die Landesregierung Nordrhein-Westfalen am 20. Januar 2022 einen 10 Punkte-Arbeitsplan des Ministeriums für Umwelt, Landwirtschaft, Natur- und Verbraucherschutz des Landes Nordrhein-Westfalen[8] sowie einen 15 Punkte-Plan des Innenministeriums[9] erarbeitet, um etwa die Themen Hochwasserschutz, Talsperren-Sicherheit, Digitalisierung und Warnung der Bevölkerung aufzugreifen.

3 Befugnisse der Untersuchungsausschüsse

Einem Untersuchungsausschuss stehen dabei umfassendere Mittel zur Aufarbeitung eines Sachverhalts zur Verfügung, als den Abgeordneten in der üblichen und täglichen

---

GV. NW 1985. S. 26, zuletzt geändert durch Gesetz vom 16.11.2004, GV. NRW. S. 684, in Kraft getreten rückwirkend zum 01.07.2004.

7 Positionspapier Deutsches Rotes Kreuz, Landesverband Nordrhein e. V., Landesverband Westfalen-Kippe e. V., 20.08.2021.

8 MULNV des Landes NRW, https://www.umwelt.nrw.de/presse/detail/umweltministerin-stellt-arbeitsplan-hochwasserschutz-in-zeiten-des-klimawandels-vor-1642681404; https://www.land.nrw/media/25821 (zuletzt abgerufen am 15.01.2024).

9 IM des Landes NRW, https://www.im.nrw/system/files/media/document/file/berkompetenz-team2_0.pdf (zuletzt abgerufen am 15.01.2024).

Arbeit eines Parlaments. Die Regelungen orientieren sich dabei an den Vorschriften der Strafprozessordnung und an gerichtlichen Verfahren, umfassend geregelt im Gesetz über die Einsetzung und das Verfahren von Untersuchungsausschüssen des Landtags Nordrhein-Westfalen. Dabei ist allerdings auch zu berücksichtigen, dass laufende staatsanwaltschaftliche Ermittlungen durch die Arbeit des Untersuchungsausschusses, besonders durch die öffentliche Vernehmung von Zeugen, nicht gefährdet werden dürfen. Diesem Rücksichtnahmegebot ist auch der Untersuchungsausschuss II (Hochwasserkatastrophe) besonders verpflichtet, denn aktuell wird zu den Ereignissen rund um die Kiesgrube Blessem durch die Staatsanwaltschaft weiterhin ermittelt.

4 Erkenntnisse, weiterführende Fragen und Handlungsansätze aus der Arbeit der Untersuchungsausschüsse

Eine der wichtigsten Erkenntnisse zum jetzigen Zeitpunkt ist, dass Katastrophen nicht vergessen werden dürfen. Der ehemalige Präsident des technischen Hilfswerks Albrecht Broemme betonte dies, als wir ihn als Zeugen vernahmen. Er mahnte, es dürfe keine „Hochwasser-Demenz" oder „Erkenntnis-Ignoranz" geben. Insbesondere legte er uns ans Herz, die „Verantwortungsdiffusion" im Katastrophenschutz zu überwinden.

Aus den persönlichen Gesprächen, die ich auch vielfach vor Ort führen durfte, ist mir insbesondere die große Hilfsbereitschaft in den ersten Tagen nach dem Jahrhunderthochwasser in guter Erinnerung. In einem Ort in der Eifel schilderten mir die Nachbarn, dass sie bis zur Hochwasserkatastrophe in der Nachbarschaft nebeneinander gelebt hätten, danach seien aufgrund der intensiven Hilfe, die sie sich gegenseitig in den ersten Tagen geleistet haben, inzwischen wertvolle und enge Freundschaften entstanden. Aber es gab auch Schattenseiten. So berichtete mir eine ältere Dame, dass unseriöse Bauunternehmen horrende Vorschüsse eingefordert hätten, die versprochenen Renovierungsarbeiten an ihrem Haus jedoch bis zum derzeitigen Tag nicht abgeschlossen seien. Die Unternehmen seien inzwischen über alle Berge verschwunden und sie verhandele nun mit ihrer Versicherung, ob ihr erneut ein Vorschuss für die Beseitigung der Schäden gezahlt werden könne.

Ich möchte einige der Fragen aufwerfen, die uns mit Sicherheit mit Blick auf den Abschlussbericht weiter beschäftigen werden.

Für mich stellt sich die Frage, welche Anforderungen wir an kommunale Krisenstäbe stellen wollen. Gerade bei dem Jahrhunderthochwasser in Nordrhein-Westfalen waren einige der Hauptverwaltungsbeamten erst wenige Monate im Amt und dazu neu in ihrer Funktion. Dennoch mussten sie aus dem Stand heraus einen Krisenstab – teilweise über viele Tage – leiten. In vielen anderen Bereichen diskutieren wir über eine Fortbildungspflicht – etwa bei Feuerwehren, Polizei oder der Justiz.

Es stellt sich die Frage: Brauchen wir diese eine Fortbildungspflicht auch für Krisenstäbe?

Aus Gesprächen vor Ort weiß ich, dass es hier viele gute Beispiele gibt. Kommunale Krisenstäbe, die gemeinsam und regelmäßig Übungen durchführen, damit im Krisenfall auch mit den Hauptverwaltungsbeamten, Verwaltungsvorständen und anderen Akteuren alles reibungslos läuft.

Zu den vielen Helferinnen und Helfern der Hilfsorganisationen, die vor Ort im Einsatz waren, kamen zahlreiche Freiwillige, spontane Helferinnen und Helfer hinzu. Diesem neuen Phänomen, dass Menschen sich nicht dauerhaft einer der Hilfsorganisationen anschließen wollen, sondern spontan und Anlass-bezogen einfach mit anpacken möchten, werden wir uns gemeinsam widmen und Strukturen für ein sporadisches Engagement aufbauen müssen. Ich frage mich daher, wie solche freiwilligen Helferinnen und Helfer besser eingebunden und koordiniert werden können? Fragen, die wir natürlich gemeinsam mit den Feuerwehren und Hilfsorganisationen diskutieren.

Wenn wir über Katastrophen oder Naturereignisse sprechen, dann drehen sich viele Fragen um die rechtzeitigen Vorhersagen, die rechtzeitige Warnung und die rechtzeitige Alarmierung von Einsatzkräften und Hilfsorganisation, um „vor die Lage" zu kommen. Gerade hier stelle ich mir die Frage, ob wir in unserer Gesellschaft alle miteinander fit genug sind, um zu wissen, was in einer Katastrophe zu tun ist. Gerade bei einem Hochwasser in Regionen, in denen die letzten Hochwasser sehr lange zurückliegen, fehlt es an Erfahrung und Übung, in einem solchen Fall damit umzugehen.

Die Katastrophenforscherin Frau Prof. Dr. Annegret Thieken mahnte, dass die Erinnerung an Katastrophen als ein wichtiger Aspekt der Resilienz innerhalb der Bevölkerung wachgehalten werden müsse. Einfacher gesagt: Einer Hamburgerin müssen sie auch Jahrzehnte nach der großen Sturmflut nicht erklären, was Hochwasser oder Sturmfluten sind.

Daneben sollten wir aber auch konstruktiv mit der Diversität in unserer Gesellschaft umgehen und diese bei Katastrophen sinnvoll einsetzen. Gerade in den letzten Jahren haben zahlreiche Menschen in unserem Land Schutz gesucht, die eigene Erfahrungen im Umgang mit Naturkatastrophen mitbringen. Diese Erfahrungen und dieses Wissen können für uns hier eine Bereicherung sein. Daher frage ich: Wie können wir diese Erfahrungen aus diesen besonderen Biografien in den Katastrophenschutz einfließen lassen?

Gerne möchte ich aber auch noch aus Gesprächen mit vielen Bürgermeisterinnen und Bürgermeistern und Feuerwehrleuten berichten, die im Zuge dessen gerne eine Diskussion über die Erwartungshaltung in der Gesellschaft führen möchten. Wir leben in einer Gesellschaft, in der eine Vollkasko-Mentalität sich breiten Raum verschafft hat. In einer großen und manchmal auch flächendeckenden Naturkatastrophe ist es aber gar nicht möglich, dass hauptamtliche Kräfte sofort bei allen gleichermaßen vor Ort sind. Hier muss mehr Verständnis dafür gezeigt werden, dass diejenigen, die weniger betroffen sind, sich zunächst einmal selbst helfen und sich um andere Betroffene kümmern, bis überall staatliche Unterstützung ankommt. Kurz gesagt: Es braucht in solchen Situationen mehr Eigenverantwortung, die wir wieder erlernen müssen.

Diese und viele andere Fragen diskutieren wir derzeit intensiv im Untersuchungsausschuss II (Hochwasserkatastrophe). Dazu hören wir Sachverständige und vernehmen Zeuginnen und Zeugen aus Hilfsorganisationen, Feuerwehren und der Landesregierung.

All diese Gedanken und Ergebnisse werden nach § 24 PUA Gesetz NRW in einen schriftlichen Abschlussbericht zusammengefasst werden und dann zur weiteren Beratung dem Landtag und der Öffentlichkeit zur Verfügung gestellt werden. Bis dahin bitte ich um Nachsicht, dass ich hier nur weiterführende Fragen aufwerfen konnte.

Zur Person: *Sven Wolf* studierte an der Universität zu Köln Rechtswissenschaft und ist seit 2005 als Rechtsanwalt zugelassen. Er ist seit 2010 Abgeordneter des Landtags Nordrhein-Westfalen. Aktuell ist er Justiziar im Vorstand der SPD-Landtagsfraktion und für die Fraktion Sprecher im Hauptausschuss, Mitglied im Rechtsausschuss und Vorsitzender des Parlamentarischen Untersuchungsausschusses Hochwasserkatastrophe (PUA II). Zuvor hatte er bereits den Vorsitz mehrerer Untersuchungsausschüsse inne, darunter ein PUA, der sich mit dem Rechtsterrorismus der Gruppe Nationalsozialistischer Untergrund (NSU) befasste. Ehrenamtlich ist er kommunalpolitisch, in der Evangelischen Kirche und mehreren Vereinen engagiert.

Bevölkerungsschutz im Kompetenzgefüge von Bund, Ländern und Kommunen

Andreas Wohland

1 Einleitung

In NRW bestehen leistungsfähige Katastrophenschutz- bzw. Bevölkerungsschutzstrukturen. Diese werden nicht erst seit der Flutkatastrophe im Juli 2021 stetig überprüft und müssen auch stets weiterentwickelt werden. Dies ist eine Daueraufgabe, der sich die Städte und Gemeinden stellen. Die Feuerwehren in den Städten und Gemeinden spielen dabei eine wesentliche Rolle.

Die Zuständigkeiten und Strukturen des Katastrophenschutzes sind im Gesetz zur Neuregelung des Brandschutzes, der Hilfeleistung und des Katastrophenschutzes (BHKG NRW) geregelt. Nach § 2 BHKG sind die Gemeinden für den Brandschutz und die Hilfeleistung zuständig, die Kreise und kreisfreien Städte für den Katastrophenschutz. Das Land ist gemäß § 2 Abs. 1 Ziff. 4 BHKG zuständig für die zentralen Aufgaben des Brandschutzes, der Hilfeleistung und des Katastrophenschutzes. Gemäß § 4 BHKG treffen die Kreise die erforderlichen Maßnahmen zur Vorbereitung der Bekämpfung von Großeinsatzlagen und Katastrophen. Sie haben Pläne für Großeinsatzlagen und Katastrophen (Katastrophenschutzpläne) aufzustellen, die auch alle 5 Jahre fortzuschreiben sind. Die kreisangehörigen Gemeinden sind hierbei zu beteiligen. Das Rückgrat dieser Katastrophenschutzkonzepte bilden die kommunalen Feuerwehren der Städte und Gemeinden. Mit der Flutkatastrophe vom Juli 2021 sind verschiedene Aspekte des Katastrophenschutzes besonders in den Blickpunkt der öffentlichen Diskussion – auch der politischen Diskussion – gerückt.

2 Stand der Weiterentwicklung des Katastrophenschutzes in NRW

Die Flutkatastrophe vom 14./15.07.2021 hat in den Medien zu intensiven Diskussionen über Versäumnisse im Bereich der Organisation des Katastrophenschutzes in Deutschland, aber auch in NRW, geführt. Insbesondere ist diskutiert worden, ob eine stärkere Zentralisierung von Kompetenzen beim Bundesamt für Katastrophenschutz angezeigt ist und ob die Infrastruktur zur Warnung der Bevölkerung angepasst werden muss.

Es hat aber unabhängig von der Flutkatastrophe in den letzten Jahren kontinuierlich einen Prozess zur Weiterentwicklung des Katastrophenschutzes in NRW gegeben (sog. koordinierter Prozess Katastrophenschutz). So hatte sich der Innenausschuss des Landtages am 10.06.2021 (einen Monat vor der Flutkatastrophe) mit dem Stand der Weiterentwicklung des Katastrophenschutzes befasst.

NRW hatte bundesweit die Federführung unter den Ländern für die Aufgabe übernommen, eine Notruf-App sowohl für die Polizei als auch für den Rettungsdienst und Brand- und Katastrophenschutz zu entwickeln. Außerdem hat NRW die Katastrophenschutzkonzepte gemeinsam mit den Akteuren des Katastrophenschutzes (kommunale Spitzenverbände, Feuerwehrverbände, THW und Hilfsorganisationen) weiterentwickelt. Dazu wurden die Konzepte „Wasserrettungszug NRW" im Oktober 2019 in Kraft gesetzt. In einem ersten Schritt wurden für 20 Wasserrettungszüge insgesamt 40 Anhänger für die neuen Strömungs-Retter-Gruppen und 40 Anhänger für die Tauchergruppen beschafft (unabhängig von der aktuellen Flutkatastrophe 2021).

Außerdem wurde ein Landeskonzept „Logistikzug NRW" erarbeitet und eingeführt. Hierdurch können mit neuer Gerätewagenlogistik die persönlichen Ausrüstungsgegenstände der Einsatzkräfte transportiert werden.

Außerdem wurde die Einsatz- und Zukunftsfähigkeit der „Einsatzeinheiten NRW" untersucht. Man hat sich auch auf ein neues Fahrzeugkonzept verständigt.

Ein wichtiges Projekt ist die Förderung des Ehrenamtes im Katastrophenschutz. Hierzu wurde gemeinsam auch mit den kommunalen Spitzenverbänden eine Imagestrategie zur Mitgliederbindung und -gewinnung umgesetzt, die bis zum 31.12.2022 lief. Maßnahme waren u. a. Plakataktionen und Erklärfilme und eine Kooperation mit dem WDR und dem Sender *1Live*. Die Kampagnenbotschafter sollten über eine breite Social-Media-Kampagne eine Aufmerksamkeit in den sozialen Netzwerken erreichen.

Am 02.10.2021 hat in der Bundesstadt Bonn der erste landesweite Katastrophenschutztag stattgefunden. Hier ist auch die Bevölkerung für den Katastrophenschutz sensibilisiert werden. Seither finden diese Tage jedes Jahr statt.

Daneben gab es Sonderarbeitsgruppen auch mit den kommunalen Spitzenverbänden zur Stärkung der Selbsthilfefähigkeit der Bevölkerung (Ergebnisse wurden für den Katastrophenschutztag aufbereitet) und zur Aufrechterhaltung der öffentlichen Infrastruktur bei einem längerfristigen Stromausfall und Extremwetter. Das Institut der Feuerwehr NRW hat aus dem koordinierten Prozess Katastrophenschutz heraus den Auftrag erhalten, Übungsempfehlungen für Krisenmanagementübungen zu erarbeiten. Diese Empfehlungen wurden im Frühsommer 2020 vorgelegt.

Parallel hat der Bund bereits vor der Flutkatastrophe angekündigt, ein 90-Mio.-Programm zur (Wieder-) Errichtung eines flächendeckenden Sirenensystems aufzulegen. Zwischenzeitlich können Anträge auch in NRW gestellt werden. Dieses Förderprogramm muss für die Zukunft verstetigt werden.

3 Einschätzung des Städte- und Gemeindebundes NRW

Zwar ist auch das Flutereignis aus dem Jahr 2021 dazu angetan, die bisherigen Strukturen kritisch zu hinterfragen. Die Weiterentwicklung des Katastrophenschutzes ist allerdings eine Daueraufgabe und läuft auch seit einigen Jahren mit großem Engagement der beteiligten Akteure. Insgesamt hat auch die Hochwasserkatastrophe aus dem Juli 2021 gezeigt, dass die Katastrophenschutzstrukturen leistungsfähig sind. Auch wenn es Verbesserungspotenzial in Einzelpunkten gibt, haben sich auch die lokalen Zuständigkeiten bewährt. Die örtlich Verantwortlichen in den Städten und Gemeinden und in den örtlichen Katastrophenschutzbehörden (also den Kreisen) wissen am besten, welche ortsspezifischen Gefahren bestehen, und auf welche Unterstützungsstrukturen zurückgegriffen werden kann. Die Kritiker, die eine stärkere Zentralisierung fordern, sind den Beweis bisher schuldig geblieben, dass eine stärkere Zentralisierung zu einer besseren Bewältigung der Katastrophenlage geführt hätte.

Jede noch so penible Katastrophenvorsorge kann im Übrigen die Bürgerinnen und Bürger nicht von der eigenen Verantwortung zur Vorbereitung auf Notsituationen entbinden. Insofern wird es zentral auch darauf ankommen, die gewonnenen Erkenntnisse aus der Arbeitsgruppe Selbsthilfefähigkeit der Bevölkerung in die Öffentlichkeit zu tragen.

4 Expertenteam Katastrophenschutz

Der Innenminister des Landes NRW, Herbert Reul, hat zur Aufarbeitung der Flutkatastrophe ein sog. Expertenteam Katastrophenschutz einberufen. In diesem Expertenteam war auch der Städte- und Gemeindebund NRW vertreten, Mitglied war Beigeordneter Wohland aus der Geschäftsstelle. Die Arbeit wurde mit den Mitgliedern der zuständigen Fachgremien des Verbandes abgestimmt.

Der Abschlussbericht wurde in der abschließenden Sitzung des Kompetenzteams Katastrophenschutz am 10.02.2022 besprochen und verabschiedet. Er sieht zusammengefasst einen „15-Punkte-Plan" vor:

1. Stärkere Koordinierung durch das Land

2. Bessere Risikoabschätzung durch verbindliche Planung

3. Digitalisierungsoffensive Katastrophenschutz

4. Gesamtkonzept Warnung

5. Ausbauprogramm Sirenenwarnung

6. Information auf Knopfdruck

7. Dezentrale Katastrophenschutzdepots

8. Ausstattungsoffensive (Beschaffung und Bereitstellung von notwendigem Material wie geländegängige Fahrzeuge, Notstromaggregate und Feldbetten)

9. Präventionskampagne

10. Spenden- und Spontanhilfe – Einbindung

11. Verbesserung der administrativen Führungsfähigkeit

12. Weiterentwicklung der vorgeplanten überörtlichen Hilfe

13. Ausbauprogramm Ausfallsicherheit (Stärkung der Widerstandsfähigkeit der kritischen Infrastruktur)

14. Verbindliche Katastrophenschutzübungen in NRW

15. Bessere Finanzierung des Katastrophenschutzes

Für die kreisangehörigen Kommunen besonders bedeutsam ist der Vorschlag, Stäbe für außergewöhnliche Ereignisse (SAE) verbindlich einrichten zu müssen. Derzeit ist dies im BHKG als reine Kann-Bestimmung ausgestaltet. Im Ergebnis macht es jedoch aus Sicht der Geschäftsstelle Sinn, in jeder kreisangehörigen Kommune einen solchen Stab vorzuhalten, damit im Bedarfsfall zügig die notwendigen Entscheidungsträger zusammentreten und Entscheidungen treffen können. Durch die Coronapandemie hat es im Übrigen ohnehin eine weitere Verbreitung der SAE auch in kreisangehörigen Kommunen gegeben, auch wenn derzeit noch nicht jede Kommune über einen solchen Stab verfügt.

Aus kommunaler Sicht muss perspektivisch darauf geachtet werden, die Leistungsfähigkeit der Städte und Gemeinden nicht zu überdehnen. Insofern muss bei der Kommunikation rund um die Weiterentwicklung des Katastrophenschutzes unbedingt die Erwartungshaltung mitberücksichtigt werden, die bei den Bürgerinnen und Bürgern eventuell geweckt wird. Bei aller Vorsorge wird es den Städten, Gemeinden und Kreisen und insgesamt der öffentlichen Hand nicht gelingen, in jedem denkbaren Fall von Großschadenereignissen und Katastrophen das öffentliche Leben wie gewohnt weiter laufen zu lassen. Ohne eine starke Selbsthilfefähigkeit der Bevölkerung wird es nicht gehen.

Zur Person: *Andreas Wohland,* geb. 3.12.1970 in Würselen, verheiratet, eine Tochter. Nach dem Abitur und der Ableistung des Wehrdienstes erfolgte von 1991 bis 1996 ein Studium der Rechtswissenschaften an der Rheinischen Friedrich Wilhelms Universität in Bonn mit Abschluss des ersten juristischen Staatsexamens, anschließend Referendariat am Landgericht Aachen und Abschluss des zweiten juristischen Staatsexamens im Jahr 1998. Seit 1998 ist er beim Städte- und Gemeindebund NRW in verschiedenen Tätigkeitsfeldern beschäftigt, von 2002 bis 2015 als Finanzreferent. Seit 2015 ist er Beigeordneter für Recht, Personal und Organisation. In das Dezernat fällt auch die Zuständigkeit für die Feuerwehr, den Rettungsdienst und den Katastrophenschutz. Er hat einige Publikationen im Bereich des Kommunalrechts (mit-) verfasst, u. a. einen „Leitfaden für die Ratsarbeit" und einen Kommentar zum Neuen Kommunalen Finanzmanagement.

Das Gemeinsame Kompetenzzentrum Bevölkerungsschutz (GeKoB) als Kooperationsplattform von Bund und Ländern

Christoph Lamers

1 Historie des Kompetenzzentrums

Bereits in der Frühphase der Corona-Pandemie kam angesichts der in der Öffentlichkeit kritisierten unterschiedlichen Regelungen der Länder zum Infektionsschutz die Idee auf, durch den Aufbau einer Kooperationsplattform Transparenz über die bestehenden Regelungen zu schaffen und die Zusammenarbeit der Akteure im Bevölkerungsschutz, vor allem zwischen Bund und Ländern, zu verbessern. In der Folge fasste die Ständige Konferenz der Innenminister und -senatoren der Länder (IMK) auf ihrer 214. Sitzung vom 16. bis 18.06.2021 in Rust (Baden-Württemberg) den Beschluss, eine von Bund und Ländern partnerschaftlich getragene Kooperationsplattform mit dem Namen „Gemeinsames Kompetenzzentrum Bevölkerungsschutz (GeKoB)" zu errichten.[1]

Die Erfahrungen aus der Koordinierung der Gefahrenabwehr bei der Flutkatastrophe im Juli 2021 haben diesem Gedanken noch mehr Auftrieb gegeben, sodass im August 2021 der Aufbaustab für das GeKoB seine Arbeit aufnahm.

Auf der 215. Sitzung in Stuttgart vom 01. bis 03.12.2021 in Stuttgart wurde dann der Länderoffenen Bund-Länder-Kommission „Stärkung des Bevölkerungsschutzes" der Auftrag erteilt, einen damals schon vorliegenden Entwurf einer „Vereinbarung des Bundes und der Länder über die Errichtung des Gemeinsamen Kompetenzzentrums Bevölkerungsschutz" (nachfolgend Verwaltungsvereinbarung, VwV) weiter auszuarbeiten. Im Rahmen der 217. Sitzung der IMK vom 01. bis zum 03.06.2022 in Würzburg wurde die VwV dann am 02.06.2022 von allen Ministerinnen und Ministern bzw. Senatorinnen und Senatoren unterzeichnet und damit das GeKoB formell ins Leben gerufen; im Mai 2023 wurde die VwV im Bundesanzeiger[2] veröffentlicht.

---

1   Innenministerkonferenz (IMK), Stärkung des Bevölkerungsschutzes durch Neuausrichtung des Bundesamtes für Bevölkerungsschutz und Katastrophenhilfe, März 2021, https://www.innenmi nisterkonferenz.de/IMK/DE/termine/to-beschluesse/20210616-18/anlage-zu-top-33.pdf?__ blob=publicationFile&v=2 (abgerufen am 12.12.2023).

2   Bundesministerium des Innern und für Heimat, Bekanntmachung der Verwaltungsvereinbarung des Bundes und der Länder über die Errichtung des Gemeinsamen Kompetenzzentrums Bevölkerungs-schutz, 13.03.2023, https://www.bundesanzeiger.de/pub/publication/a5Ae8WaIcU1ty9Zktfh/content/a5Ae8WaIcU1ty9Zktfh/BAnz%20AT%2005.05.2023%20B1.pdf?inline (abgerufen am 12.12.2023).

Bereits im März 2022, also kurz nach Beginn des Angriffskriegs gegen die Ukraine, hat der Aufbaustab des GeKoB gemeinsam mit den Ländern begonnen, wöchentlich ein Gemeinsames Lagebild Bevölkerungsschutz – damals noch als Sonderlagebild Ukraine bezeichnet – zu erstellen.

2 Struktur des GeKoB

Personell besteht das Präsenz-GeKoB aus Vertreterinnen bzw. Vertretern von fünf Bundesbehörden (Bundesministerium des Innern und für Heimat BMI, Bundesamt für Bevölkerungsschutz und Katastrophenhilfe BBK, Bundesanstalt Technisches Hilfswerk THW, Bundeswehr und Bundespolizei) und derzeit fünf Ländern (Bayern, Brandenburg, Hessen, Nordrhein-Westfalen und Rheinland-Pfalz) sowie einer Geschäftsstelle, die vom BBK gestellt wird. Die Steuerung des GeKoB erfolgt durch einen Lenkungskreis, in dem die 16 Länder und das BMI durch die für Bevölkerungsschutz zuständigen Abteilungsleitungen vertreten sind.

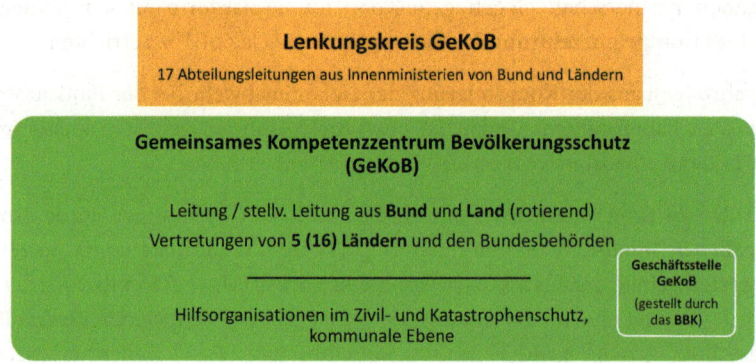

Abbildung 1: Struktur des GeKoB

Die Leitung des GeKoB wird von einer/einem durch den Lenkungskreis bestimmten Leiterin/Leiter sowie einer/einem stellvertretenden Leiterin/Leiter wahrgenommen. Im Dezember 2023 wurden der Deutsche Feuerwehrverband, die anerkannten Hilfsorganisationen ASB, DLRG, DRK, JUH und MHD sowie der Deutsche Städtetag und der Deutsche Landkreistag als kommunale Spitzenverbände eingeladen, als weitere wichtige Akteure im Bevölkerungsschutz aufgaben- und projektbezogen im GeKoB mitzuwirken; die konkrete Ausgestaltung der Mitwirkung ist über „Letters of Intent" zwischen dem GeKoB und diesen Partnern geregelt.

3 Ziele und Aufgaben

Mit dem GeKoB soll eine dauerhaft und strukturiert organisierte Kooperationsplattform für den Bevölkerungsschutz sowie für das ressortübergreifende Risiko- und Krisenmanagement errichtet und etabliert werden. Dies soll die ressortübergreifende Verzahnung in und zwischen Bund und Ländern sowie mit weiteren Akteuren im Bevölkerungsschutz sicherstellen. Weiterhin verfolgt das GeKoB das Ziel, den Informationsstand aller Beteiligten für eine bessere Krisenvorsorge und Krisenbewältigung zu optimieren. Es baut dafür ein übergreifendes Netzwerk für alle bevölkerungsschutzrelevanten Themen des Risiko- und Krisenmanagements auf.

In der Alltagsorganisation hat das GeKoB die Aufgabe, das risiko-, gefahren- und lagebezogene Informations- und Koordinationsmanagement zwischen Bund und Ländern für eine gute Krisenprävention, Krisenvorsorge und den Schutz Kritischer Infrastrukturen zu optimieren.

Bei Krisen und insbesondere bei länderübergreifenden Gefahren- und Schadenslagen ist nach Verwaltungsvereinbarung vorgesehen, dass die Mitarbeiterinnen und Mitarbeiter des GeKoB Krisenstabsfunktionen und -aufgaben zur Unterstützung des Krisenmanagements von Bund und Ländern auf Anforderung übernehmen, was allerdings einen Personalaufwuchs erfordern würde. Erste Erfahrungen aus realen Schadenslagen sowie aus der länder- und ressortübergreifende Krisenmanagementübung LÜKEX 23 legen nahe, dass das GeKoB in einer akuten Krisensituation durch eine Analyse der jeweiligen Lage von einer strategischen Warte aus, der Antizipation möglicher Probleme und durch die Empfehlung von Maßnahmen eine wertvolle und in der Gesamtkonstellation einzigartige Rolle in der Krisenbewältigung einnehmen könnte.

4 Produkte

Bereits bestehende Produkte des GeKoB sind das wöchentlich erscheinende Gemeinsame Lagebild Bevölkerungsschutz, ein Textdokument mit Grafiken, in dem auf Grundlage von Meldungen der Länder und anderer Organisationen die Lage im Bevölkerungsschutz zusammenfassend dargestellt wird. Neben größeren Schadensereignissen, die für den Bevölkerungsschutz relevant sind, wird dort auch auf Cybersicherheit und das Migrationsgeschehen eingegangen. Wegen der Vertraulichkeit der darin enthaltenen Informationen ist das Gemeinsame Lagebild Bevölkerungsschutz eingestuft; dementsprechend ist der Empfängerkreis begrenzt.

Alle zwei Wochen enthält das Gemeinsame Lagebild zudem eine Darstellung des gesamtstaatlichen Lagebilds zur Versorgungslage kritischer Dienstleistungen in Deutschland. Im vierwöchigen Rhythmus war bis November 2023 eine Übersicht über das

Bevölkerungsverhalten auf Grundlage von Forsa-Umfragen im Auftrag des BBK in das Lagebild integriert; darin wurde unter anderem auf Einstellungen der Bevölkerung zu persönlichen Belastungen und Sorgen hinsichtlich aktueller Entwicklungen, das individuelle Sicherheitsgefühl der Befragten und die Zufriedenheit mit dem Krisenmanagement der Bundesregierung eingegangen. Das – zeitlich befristete – Projekt zur Ermittlung des Bevölkerungsverhaltens ist inzwischen ausgelaufen; gemeinsam mit dem BBK wirkt das GeKoB jedoch auf eine Wiederaufnahme hin, da die Empfänger des Lagebilds diesen Part als hilfreich und wichtig empfanden.

Ebenfalls im Wochenrhythmus führt das GeKoB jeweils am Dienstag eine Lagebesprechung mit den Ländern als Videokonferenz durch. In dieser Besprechung gibt das Gemeinsame Melde- und Lagezentrum des Bundes und der Länder (GMLZ) des BBK zunächst einen Überblick über die nationale und internationale Lage, bevor die Länder die Möglichkeit haben, eigene Lagebeiträge vorzutragen. Zudem wird diese Veranstaltung gelegentlich zum Informations- und Erfahrungsaustausch über Fragen des Bevölkerungsschutzes genutzt.

Abbildung 2: Wöchentliche Lagebesprechung des GeKoB mit
den Ländern als Videokonferenz

5 Projekte des GeKoB

5.1 Nationales digitales Lagebild

Der Arbeitskreis V (AK V, Feuerwehrangelegenheiten, Rettungswesen, Katastrophenschutz und zivile Verteidigung) der Innenministerkonferenz hat auf seiner Sitzung im März/April 2022 die „Erstellung eines einheitlichen Digitalisierten Nationalen Lagebildes als wesentliche Stärkung der nichtpolizeilichen Gefahrenabwehr" als eine der zentralen Aufgaben des GeKoB definiert. Um diesem Auftrag nachzukommen, hat das GeKoB von Januar bis Juli 2023 eine Bedarfsanalyse mit seinen Partnern, d. h. den 16 Ländern und den am Bevölkerungsschutz beteiligten Bundesbehörden, für ein solches digitales Lagebild durchgeführt. Wichtigstes Ergebnis dieses Projektes war eine so genannte priorisierte Bedarfslandkarte, die die Grundlage für die nächsten Arbeitsschritte, nämlich die Durchführung einer Umfeldanalyse bestehender und geplanter Systeme sowie die Ableitung und Dokumentation von Anforderungen an ein Lageinformationssystem, darstellte.[3] Derzeit arbeitet das GeKoB an einer weiteren Ausschärfung dieser Umfeldanalyse als Entscheidungsvorlage über das weitere Vorgehen für den Lenkungskreis.

5.2 Register für Spezialressourcen

Weiterhin hat der AK V das GeKoB damit beauftragt, ein Ressourcenregister Bevölkerungsschutz für den überregionalen Bedarf aufzubauen und zu betreiben. Das Register wird sich zunächst auf Einsatzmittel beschränken, die für die Szenarien Vegetationsbrand und Überschwemmungsereignisse relevant sind. Ferner ist eine Beschränkung auf Spezialressourcen vorgesehen; darunter werden Einsatzmittel und Spezialfähigkeiten verstanden, die aufgrund ihrer geringen Anzahl, ihres Spezialisierungsgrades und/oder ihres hohen Anschaffungspreises in der Fläche nicht vorgehalten werden. Um Doppelstrukturen zu bereits bestehenden Prozessen und aufgaben, wie z. B. das Fähigkeitsmanagement von Bund und Ländern (FäM) zu vermeiden, erfolgt der Aufbau des Registers in enger Zusammenarbeit mit dem BBK und insbesondere mit dem GMLZ, das einen gesetzlichen Auftrag u. a. in der Vermittlung von Engpassressourcen hat und insoweit seit vielen Jahren in der Organisation überörtlicher Hilfe auf nationaler und internationaler Ebene tätig ist. Das Ressourcenregister ist in einer ersten Version im September 2024 in Betrieb gegangen. Langfristig ist vorgesehen, es in das digitale Lagebild zu integrieren.

---

3   C. Lamers/T. Fröhlig/D. Schriek, Ein nationales digitales Lagebild – schaffen wir das?, in: Bundesamt für Bevölkerungsschutz und Katastrophenhilfe (Hrsg.), Magazin Bevölkerungsschutz 4, Berlin 2023, S. 37.

5.3 Organisationsbezogene Projekte

Da sich das GeKoB noch in der Aufbauphase befindet, gibt es derzeit weitere interne Projekte zur Etablierung einer zielführenden Arbeitsweise des GeKoB. Darin werden eine Geschäftsordnung, eine Organisation für den Krisenfall sowie ein Kommunikationskonzept für das GeKoB erarbeitet; es ist (Stand Oktober 2024) davon auszugehen, dass die Arbeiten zeitnah abgeschlossen werden können. Des Weiteren hat sich das GeKoB eingeschränkt mitübend an der länder- und ressortübergreifenden Krisenmanagementübung LÜKEX 23 im September 2023 beteiligt; für die Vorbereitung, Durchführung und Auswertung dieser Übungsbeteiligung wurde ebenfalls eine Projektgruppe ins Leben gerufen, deren Aufgabe bald abgeschlossen sein wird.

6 Fazit und Ausblick

Mittlerweile sind Struktur und Arbeitsweise des GeKoB gut etabliert, auch wenn einige Dinge noch der Ausschärfung bzw. der verbindlichen Regelung bedürfen. Auch die schon existenten Produkte wie das Gemeinsame Lagebild Bevölkerungsschutz und die Lagebesprechungen mit den Ländern – beides im Wochenrhythmus angelegt – sind bei den jeweiligen Partnern gut akzeptiert und bilden wichtige Komponenten in deren Arbeit.

Die Arbeiten für ein Register von Spezialressourcen und für ein nationales digitales Lagebild haben begonnen. Das Ressourcenregister ist in einer ersten Fassung in Betrieb gegangen, die nun nicht nur ständig aktualisiert, sondern auch ausgebaut werden wird. Beim digitalen Lagebild muss man wegen der Komplexität des Projektes in technischer, organisatorischer und auch rechtlicher Hinsicht mit einer weitaus größeren Vorlaufdauer bis zu einer ersten nutzbaren Fassung ausgehen.

Das GeKoB strebt an, sich demnächst zusätzlich zu den fortgeführten Aufgaben den folgenden Themen zu widmen:

- Analyse der Krisenmanagementstrukturen der Länder und des Bundes

- Rolle in länderübergreifenden Lagen

- Rolle im Zivilschutz.

Damit hat das GeKoB das Potenzial, zu einem wichtigen Akteur im Bevölkerungsschutz gerade im Hinblick auf die stärkere Verzahnung von Bund und Ländern zu werden. Mandat und Rolle des GeKoB bedürfen jedoch sowohl im Alltag als auch in einer akuten Krisensituation einer weiteren Ausschärfung. Ferner ist zu klären, ob es bei der Beteiligung von fünf Ländern bleibt oder dieser Kreis erweitert werden soll. Sofern nicht alle Länder Vertretungen in das GeKoB entsenden, ist zudem ein Verfahren zur Mitwirkung der nicht in Präsenz mitwirkenden Länder zu finden.

Zur Person: Ministerialrat *Christoph Lamers*, Dr. rer. nat., ist Leiter und Ländervertreter Nordrhein-Westfalen im Gemeinsamen Kompetenzzentrum Bevölkerungsschutz in Bonn; zudem ist er Lehrbeauftragter für Katastrophengeschichte, Führungsphilosophie und Führungspraxis an der Akkon Hochschule für Humanwissenschaften in Berlin. Zuvor war er unter anderem als Dezernent für Feuerschutz und Katastrophenschutz bei der Bezirksregierung Arnsberg und als Dezernatsleiter für Krisenmanagement und Forschung am Institut der Feuerwehr Nordrhein-Westfalen in Münster tätig.

C. Besondere Zuständigkeiten und Bedarfe im Bereich des Bevölkerungsschutzes

Rolle der Hilfsorganisationen im Bevölkerungsschutz

Sascha Rolf Lüder

1 Einleitung

Katastrophen entwickeln sich meist aus Alltagsgefahren. Hierbei verwischen die Konturen zwischen äußerer und innerer Sicherheit, zwischen militärischen und nichtmilitärischen Aufgaben immer mehr.

Die Gefahr eines bewaffneten Angriffes auf Deutschland in Folge des russischen Angriffskrieges auf die Ukraine hat im Hinblick auf das Erfordernis einer funktionierenden staatlichen Sicherheitsarchitektur in Politik und Institutionen zu einem grundlegenden Bewusstseinswandel geführt. Nicht weniger untermauern die Erkenntnisse über den voranschreitenden Klimawandel und der sich hieraus ergebenden Gefahr von Natur- und Umweltkatastrophen sowie die mit der technischen Entwicklung zusammenhängenden Gefahr technischer Katastrophen die Bedeutung eines funktionierenden Bevölkerungsschutzes in heutiger Zeit.

Gerade deshalb ist es umso wichtiger, die spezifischen Aufgaben der im Bevölkerungsschutz Beteiligten aufzuzeigen und mit Hilfe eines zeitgemäßen und überzeugenden rechtlichen Regelwerkes auf allen Ebenen wirksam zu vernetzen. Ein ursachenunabhängiger Schutz der Bevölkerung vor Gefahren zählt zu den vornehmsten Aufgaben des modernen Staates. Man muss auf das Unerwartete vorbereitet sein.

2 Mitwirkung der Hilfsorganisationen im Bevölkerungsschutz

Auch in Nordrhein-Westfalen wird der Bevölkerungsschutz vom Ehrenamt getragen. Die Mitwirkung von anerkannten Hilfsorganisationen im Bevölkerungsschutz ist Ausfluss des Subsidiaritätsprinzips bei der Wahrnehmung von Aufgaben der öffentlichen Daseinsvorsorge, die sich in Deutschland nicht nur im Sozial- und Gesundheitsbereich durch die Verbände der Freien Wohlfahrtspflege, sondern auch im Bevölkerungsschutz durch die anerkannten Hilfsorganisationen bewährt hat.

Die Mitwirkung von anerkannten Hilfsorganisationen baut auf ideellen Grundlagen sowie der Verbindung von ehren- und hauptamtlichem Engagement auf. Als Verwaltungshelfer sind die im Bevölkerungsschutz mitwirkenden anerkannten Hilfsorganisationen Teil der staatlichen Ordnung.

Unbeschadet ihrer Mitwirkung in dieser Ordnung haben die anerkannten Hilfsorganisationen traditionell einen wesentlichen Anteil an dem bürgerschaftlichen Engagement in Deutschland. Vorreiter waren die christlichen und jüdischen Wohlfahrtsverbände und die ihnen verbundenen geistlichen Ritterorden sowie die Internationale Rotkreuz- und Rothalbmond-Bewegung. Später kam die Arbeiterbewegung hinzu.

Die anerkannten Hilfsorganisationen sind auf verschiedene Weise in die staatliche Ordnung eingebunden. Hierbei ergeben sich vier Anerkennungsstufen:

Auf einer ersten Anerkennungsstufe wirken die Hilfsorganisationen im Katastrophenschutz der Länder mit. Die Mitwirkung richtet sich nach dem jeweiligen Katastrophenschutzrecht der Länder. Für Nordrhein-Westfalen besteht eine solche Regelung in § 18 des Gesetzes über den Brandschutz, die Hilfeleistung und den Katastrophenschutz.

Auf einer zweiten Anerkennungsstufe wird die Mitwirkung der im Katastrophenschutz anerkannten Hilfsorganisationen durch ihre Mitwirkung im Zivilschutz des Bundes ergänzt. Die Mitwirkung im Zivilschutz regelt § 26 des Gesetzes über den Zivilschutz und die Katastrophenhilfe des Bundes i. V. m. dem jeweiligen Katastrophenschutzrecht der Länder.

Auf einer dritten Anerkennungsstufe werden anerkannte Hilfsorganisationen ermächtigt, über ihre Mitwirkung im Zivil- und Katastrophenschutz hinaus im ständigen Sanitätsdienst der Bundeswehr unter der Verantwortung der Bundesregierung mitzuwirken. Dies bemisst sich nach §§ 1 S. 1, 4 des Gesetzes über das Deutsche Rote Kreuz und andere freiwillige Hilfsgesellschaften im Sinne der Genfer Rotkreuz-Abkommen. Die anerkannten Hilfsorganisationen sind dann als freiwillige Hilfsgesellschaft im Sinne der Genfer Abkommen von 1949 zu kennzeichnen.

Die vierte Anerkennungsstufe ist die umfassendste. Sie betrifft die Anerkennung des DRK als Nationale Rotkreuz-Gesellschaft und freiwillige Hilfsgesellschaft der deutschen Behörden im humanitären Bereich nach § 1 S. 1 des Gesetzes über das Deutsche Rote Kreuz und andere freiwillige Hilfsgesellschaften im Sinne der Genfer Rotkreuz-Abkommen. Als solche nimmt das DRK die Aufgaben wahr, die sich aus den Genfer Rotkreuz-Abkommen von 1949, ihren Zusatzprotokollen sowie dem Gesetz über das Deutsche Rote Kreuz und andere freiwillige Hilfsgesellschaften im Sinne der Genfer Rotkreuz-Abkommen ergeben.

3 Bedeutung der Hilfsorganisationen bei der Novellierung des Rechtsrahmens

Der Bevölkerungsschutz stellt eines der grundlegenden Schutzversprechen des Staates gegenüber seinen Bürgerinnen und Bürgern dar. Die krisenhaften Entwicklungen der vergangenen Jahre – die COVID-19-Pandemie, die Hochwasserkatastrophe und der russische Angriffskrieg gegen die Ukraine – haben gezeigt, dass eine konsequente Fortentwicklung des Bevölkerungsschutzes erfolgen muss, um für künftige Ereignisse gewappnet zu sein.

In der am 27. Juni 2022 unterzeichneten Koalitionsvereinbarung von CDU und BÜNDNIS 90/DIE GRÜNEN zur Bildung einer Landesregierung in Nordrhein-Westfalen heißt es:

> *Die Stärkung des Katastrophenschutzes wird ein Schwerpunkt unserer Innenpolitik. (…) Das Gesetz über den Brandschutz, die Hilfeleistung und den Katastrophenschutz (BHKG) werden wir novellieren und dabei für eine breite Mehrheit in den demokratischen Fraktionen werben. In dem Gesetz werden wir eine stärkere Landeszuständigkeit festschreiben.*

Bei der Novelle des Gesetzes über den Brandschutz, die Hilfeleistung und den Katastrophenschutz sollten im Hinblick auf die Mitwirkung der anerkannten Hilfsorganisationen im Bevölkerungsschutz die folgenden Punkte insbesondere Berücksichtigung finden:

3.1 Anpassung und Erweiterung des Begriffes „Katastrophe" im Gesetz

Neben Naturereignissen, Unfällen usw. sollen auch beispielsweise Pandemien oder Versorgungskrisen ausdrücklich in das Gesetz aufgenommen werden. Der Anwendungsbereich sollte alle Ereignisse abdecken, die durch elementare oder technische Vorgänge oder von Menschen ausgelöst, in großem Umfang das Leben oder die Gesundheit von Menschen, die Umwelt, das Eigentum oder die lebensnotwendige Versorgung der Bevölkerung gefährden oder schädigen oder auch wenn konkrete Umstände dafür vorliegen, dass ein solches Ereignis unmittelbar bevorsteht.

Nach richtiger Auffassung sollte der Einsatz von Ressourcen des Katastrophenschutzes bei diesen und anderen Lagen ermöglicht werden, z.B. die Durchführung oder Unterstützung von staatlichen Aufgaben im Gesundheitlichen Bevölkerungsschutz.

3.2 Förderung des aufwachsenden Systems durch Verzahnung von Rettungsdienst und Katastrophenschutz

Die Versorgung von pflegebedürftigen Personen in Katastrophen- und Krisenfällen muss sowohl im Bereich Prävention als auch beim abwehrenden Katastrophenschutz betrachtet werden. Die Selbsthilfefähigkeit und das persönliche Verhalten des Einzelnen, sich auf Krisen, Katastrophen und Unglücksfälle oder einen bewaffneten Angriff vorzubereiten, ist weiter zu stärken. Darüber hinaus sollte dies fester Bestandteil von Lehrplänen in Schulen werden. Entsprechende Schnittstellen zu anderen Gesetzesmaterien und Ressorts der Landesregierung sollten im Gesetz beschrieben werden.

Es bleibt ein Kernanliegen der anerkannten Hilfsorganisationen, dass die Reform der Notfallversorgung mit einer Bekräftigung des durch die Bereichsausnahme bestätigten aufwuchsfähigen Gesamtsystems des Gesundheitlichen Bevölkerungsschutzes – Rettungsdienst und Katastrophenschutz – einhergehen muss. Eine solche „deklaratorische Ausschärfung" sollte durch eine Klarstellung sowohl im Rettungsgesetz Nordrhein-Westfalen als auch in gespiegelter Form im Gesetz über den Brandschutz, die Hilfeleistung und den Katastrophenschutz erfolgen.

Ebenso bedarf es eines anreizorientierten Förderwerkzeuges, mit dem grundlegende wie auch innovative Maßnahmen der anerkannten Hilfsorganisationen in den Bereichen der Katastrophenprävention und zur Stärkung der Selbsthilfefähigkeit etabliert werden können. Die Maßnahmen beinhalten Begegnungs- ebenso wie Bildungsformate – hierzu gehören Bildungs- und Informationsveranstaltungen beispielsweise zu Starkregenereignissen, Hochwassergefahren, Stärkung vulnerabler Gruppen – gleichermaßen wie konzeptionelle Entwicklungen wie z. B. eine einrichtungsbezogene Alarmplanung sowie Lehr- und Lern-Unterlagen für Schulungen, die sowohl projektartig als auch als dauerhafte Aufgabe aufgebaut sein können.

Die Ermöglichung der Mitwirkung im Rettungsdienst trägt dazu bei, dass die anerkannten Hilfsorganisationen im Katastrophenschutz leistungsfähig bleiben. Aus diesem Grunde wünschen sich die anerkannten Hilfsorganisationen, dass ein Zugang zum Rettungsdienst erhalten bleibt und die Beteiligung am Rettungsdienst ermöglicht wird.

3.3 Stärkung von Landeszuständigkeiten unter Beachtung der kommunalen Selbstverwaltung

Eine Bündelung und Unterstützung bzw. Koordination sollte durch die beim Innenministerium vorgesehene zentrale Landesstelle für den Katastrophenschutz erfolgen. Dies gilt sowohl im Hinblick auf operativ-taktische Aufgaben für Flächenlagen wie auch für administrativ-organisatorische Aufgaben, z. B. die fachliche Beratung der Kommunen, ebenso wie die Schnittstellenfunktion zu anderen Ressort- und Fachzuständigkeiten auf Landesebene.

Wünschenswert ist die Einrichtung von ständigen Verbindungsstellen der anerkannten Hilfsorganisationen in der zentralen Landesstelle. Für das Land sollte im Gesetz eine Feststellungsmöglichkeit des – landesweiten – Katastrophenfalles festgelegt sein. Sinnvoll erscheint auch eine landesweite Notfallbevorratung und -logistik unter Beteiligung der anerkannten Hilfsorganisationen für verschiedene Lagen.

Die zentrale Landesstelle für den Katastrophenschutz sollte derart aufgestellt werden, dass mit der fachlichen Beratung der Katastrophenschutzbehörden auf allen Ebenen gleichartige administrativ-organisatorische Aufgaben in einer landesweiten Einheitlichkeit gelöst werden können. Beispielsweise im Erstattungswesens von Landesfahrzeugen auf der Ebene der Mittleren Katastrophenschutzbehörden bestehen zurzeit unterschiedliche Herangehensweisen, Auslegungen und Voraussetzungen für Genehmigungen.

3.4 Bildung eines Gemeinsamen Kompetenzzentrums Bevölkerungsschutz entsprechend der Bundesebene

Nach richtiger Auffassung sollte entsprechend der Bundesebene auch in Nordrhein-Westfalen ein Gemeinsames Kompetenzzentrum Bevölkerungsschutz gebildet werden. Die Einrichtung und der Betrieb sollten unter Einbeziehung der kommunalen Spitzenverbände, des Verbandes der Feuerwehren und der anerkannten Hilfsorganisationen geschehen.

3.5 Erarbeitung eines Landeskatastrophenschutzbedarfsplanes und kommunaler Katastrophenschutzbedarfspläne

Sinnvoll erscheint die Erarbeitung eines Landeskatastrophenschutzbedarfsplanes, der Rahmenvorgaben mit konkreten Planungsschritten für die Untere Katastrophenschutzbehörde beinhaltet. Im Rahmen der heutigen wissenschaftlichen Konferenz haben wir gehört, inwieweit ein Landesrisikobericht ein Baustein für die Bedarfsplanung insoweit sein könnte. Gleiches gilt für die Erarbeitung von Katastrophenschutzbedarfsplänen für die Kreise und kreisfreien Städte.

Zielführend ist weiterhin die Schaffung eines Landesfachbeirates für den Katastrophenschutz unter Einbeziehung der kommunalen Spitzenverbände, des Verbandes der Feuerwehren und der anerkannten Hilfsorganisationen. Aufgabe des Beirates sollte die Beratung der Landesregierung in allen Fragen des Katastrophenschutzes von grundsätzlicher Bedeutung sein.

Bei der Erarbeitung des Landeskatastrophenschutzbedarfsplanes ist eine Beteiligung aller im Katastrophenschutz Mitwirkenden anzustreben. Die Beteiligung sollte unter jeweiliger Berücksichtigung auch der organisationseigenen Fähigkeiten erfolgen. Eine wirksame Bedarfsplanung sollte in verzahnter Weise ebenso Fähigkeiten im Zivilschutz konzeptionell miteinschließen. Gleiches gilt für bestehende Landesvorhaltungen aller

Mitwirkenden im Katastrophenschutz. Maßnahmen zur Deckung der erkannten Bedarfe im Sinne der staatlichen Schutzpflicht bedürfen einer auskömmlichen Finanzierung.

3.6 Notwendigkeit für ein vereinheitlichtes integriertes und lagenunabhängiges Krisenmanagement

Für ein vereinheitlichtes integriertes und lageunabhängiges Krisenmanagement unter Beachtung des Ressortprinzips der Landesregierung benötigen wir klare Verantwortlichkeiten mit eindeutigen Schwellenwerten zur Indienstnahme von Krisenstäben auf allen Ebenen, d. h. auf Ebene der Landesregierung, der Bezirksregierungen, der Kreise und kreisfreien Städte sowie der kreisangehörigen Städte und Gemeinden.

Die anerkannten Hilfsorganisationen sollten nicht nur frühzeitig in der Konzept- und Planungsphase eingebunden werden, sondern ebenso ständige Mitglieder der Krisenstäbe sein. Wir halten es darüber hinaus für erforderlich, dass Krisenstäbe ausgebildet, beübt und auf dem neuesten Stand gehalten werden müssen. Dies sollte durch die Aufsichtsbehörde kontrolliert bzw. sanktioniert werden können.

3.7 Gesetzliche Gleichbehandlung aller ehrenamtlichen Kräfte im Katastrophenschutz

Eine gesetzliche Gleichbehandlung aller ehrenamtlichen Kräfte im Katastrophenschutz umfasst richtigerweise die Freistellungen und Lohnfortzahlungen bei allen Formen der Aus- und Fortbildung sowie Einsatztätigkeiten, den Wegfall des Genehmigungsvorbehaltes der Kreise und kreisfreien Städte sowie eine landesweit einheitliche Regelung der Kostentragung nicht nur für Übungs- und Einsatztätigkeiten, sondern darüber hinaus insbesondere für Aus- und Fortbildung.

3.8 Systemwechsel bei der Förderung der anerkannten Hilfsorganisationen

Schließlich benötigen wir im Katastrophenschutz einen Systemwechsel bei der Förderung der anerkannten Hilfsorganisationen.

Anstelle der bisher gewährten, von detaillierten Überprüfungen mit erheblichem Verwaltungsaufwand bei den Hilfsorganisationen abhängigen Zuwendung erscheint die Gewährung einer Pauschalzahlung für das grundsätzliche Vorhalten von Strukturen zur Mitwirkung im Katastrophenschutz zweckmäßig. Dies sollte in Form einer grundsätzlich verlorenen – nicht rückzahlbaren – Zuwendung mit einem vereinfachten Verwendungsnachweis erfolgen. Eine Rückzahlbarkeit sollte ausschließlich an eine nicht bestimmungsgemäße Verwendung der zugewendeten Mittel geknüpft sein.

Des Weiteren bedarf es einer Finanzierung hauptamtlicher Unterstützungsstrukturen im Bereich des Katastrophenschutzes. Wir benötigen an dieser Stelle eine strukturelle Stärkung. Ohne hauptamtlich geprägte Unterstützung wird es zukünftig nicht möglich sein, ausreichend Ehrenamtliche zu motivieren, auszubilden und zu halten. Die zu Recht erheblich gestiegenen Anforderungen an die Qualität der Leistung sowie an die Qualifikation der überwiegend ehrenamtlichen Einsatzkräfte verstärkt diese Herausforderung für die anerkannten Hilfsorganisationen.

4   Ausblick

Den im Katastrophenschutz in Nordrhein-Westfalen Beteiligten ist vom Innenministerium Gelegenheit gegeben worden, ihre Vorstellungen zu den Inhalten einer Novelle des Gesetzes über den Brandschutz, die Hilfeleistung und den Katastrophenschutz vorzutragen. Dies ist zwischenzeitlich geschehen.

Es ist beabsichtigt, die wesentlichen Inhalte der Stellungnahmen in gemeinsamen Gesprächen mit allen Beteiligten zu erörtern. Im Anschluss an diese Gespräche soll die Erstellung eines Referentenentwurfes erfolgen.

Die heutige wissenschaftliche Konferenz am Institut für Friedenssicherungsrecht und Humanitäres Völkerrecht der Ruhr-Universität Bochum bietet im Vorfeld dieses Erörterungsprozesses ein wichtiges Forum für die Reflexion über das Thema Bevölkerungsschutz. Dass bei der Konferenz neben Vertreterinnen und Vertretern aus Staat und Institutionen auch Wissenschaftlerinnen und Wissenschaftler zu Wort kommen, steigert den Wert einer solchen Reflexion.

Wir sollten die heute gewonnenen Erkenntnisse mitnehmen und in geeigneter Form in den weiteren Diskussionsprozess auf Landesebene einfließen lassen. Als ehemaliger Mitarbeiter des Institutes erinnere ich mich nur zu gut und gerne daran, dass das Institut seit seiner Gründung vor 35 Jahren immer wieder wissenschaftliche Erkenntnisse erfolgreich in praktische Handlungsempfehlungen für die Politik hat fließen lassen können, auch für die Landespolitik in Nordrhein-Westfalen.

So sollte es auch heute beim Thema Bevölkerungsschutz sein.

Anhang

Gesetzliche Gleichbehandlung aller ehrenamtlichen Kräfte im Katastrophenschutz

Problemstellung

Bereits heute existiert in Nordrhein-Westfalen eine gesetzliche Gleichgestellung von ehrenamtlichen Angehörigen der Feuerwehr und den Einsatzkräften der anerkannten Hilfsorganisationen im Bereich der Freistellung und der Lohnfortzahlung für Einsatz-, Übungs-, Aus- und Fortbildungsdienste sowie für die Teilnahme an sonstigen Veranstaltungen (vgl. § 20 BHKG).

Für die Einsatzkräfte der anerkannten Hilfsorganisationen besteht jedoch ein Anforderungsvorbehalt durch den Kreis oder die kreisfreie Stadt. Nach § 18 Abs. 4 i. V. m. § 32 Abs. 2 BHKG qualifizieren die anerkannten Hilfsorganisationen ihre Einsatzkräfte bedarfsorientiert in eigenständiger Verantwortung. Die Kreise oder die kreisfreie Stadt formulieren in der Praxis häufig im Unwissen des notwendigen Qualifizierungsbedarfs keine oder lediglich minimale Anforderungen an Übungen, Aus- und Fortbildungen, was dazu führt, dass Freistellungen und Lohnfortzahlungen für bedarfsgerechte Qualifizierungen der Einsatzkräfte durch die Kreise oder die kreisfreie Stadt nicht erfolgen.

Bei vergleichbaren Übungs-, Ausbildungs- und Fortbildungsdiensten der Angehörigen der Feuerwehr erfolgt jedoch regelmäßig eine Bewilligung durch die hierfür zuständigen Gemeinden. Ein Gruppenführer der Feuerwehr erhält für die Ausbildung eine Freistellung und Lohnfortzahlung, ein Gruppenführer der anerkannten Hilfsorganisation nicht. In der Verwaltungspraxis besteht aufgrund des Regelungsvorbehalts so im Ergebnis eine Ungleichbehandlung der Einsatzkräfte der anerkannten Hilfsorganisationen.

Problematisch ist ebenfalls eine Regelungslücke im Bereich des Vereinsmanagements und den notwendigen Diensten auf Anforderungen von Landesbehörden, insbesondere für Fahrzeugüberprüfungen. Werden Angehörige der Feuerwehr beispielsweise als Leiter einer Feuerwehr qualifiziert, findet regelmäßig § 20 BHKG Anwendung. Die Anwendung dieser Vorschrift auf Ausbildungen im Bereich der Leitungskräfte-Qualifizierung und des Vereins- und Freiwilligenmanagements für Einsatzkräfte der anerkannten Hilfsorganisationen finden dahingehend in der Verwaltungspraxis oftmals keine Berücksichtigung, ist jedoch in gleichartiger Weise notwendig, um in Nordrhein-Westfalen einen wirkungsvollen Katastrophenschutz sicherzustellen.

Regelmäßig werden Bundes- und Landesfahrzeuge Überprüfungen durch die Kreise und kreisfreien Städte und der Oberen Finanzdirektion (OFD) unterzogen. Gerade die sog. „OFD-Termine" werden zu ehrenamtsunfreundlichen Zeiten angeordnet, was das DRK in NRW zunehmend vor Herausforderungen stellt, werktags ausreichend Kräfte für Fahrzeugbewegungen zu finden. Eine Freistellung und Lohnfortzahlung für diese Kräfte kann nicht erfolgen, da § 20 BHKG weder den Zweck „Fahrzeug- und Materialerhalt" noch eine Anordnung durch Landesbehörden wie durch die OFD vorsieht.

Die Ungleichbehandlung verschärft sich mit den steigenden Herausforderungen und Bedarfen zur Qualifizierung von Einsatzkräften. So ist bspw. der Stundenumfang für die Aus- und Fortbildung von Führungskräften sowie bei rettungsdienstlichen Ausbildungen, für Ehrenamtliche insbesondere bei Rettungssanitäter*innen (520 Stunden), derart gestiegen, dass die Einsatzkräfte an Grenzen stoßen, diese Aus- und Fortbildungen komplett und ausschließlich in ihrer Freizeit (Wochenenden bzw. Einsatz von Erholungsurlaub) zu absolvieren. Um den Anforderungen des geänderten bürgerschaftlichen Engagements und der Qualität der Lehre gerecht zu werden, sind Bildungsangebote an Werktagen auch bei den Hilfsorganisationen unumgänglich, so wie es bereits heute bei Feuerwehr und THW üblich ist. Angehörige der Feuerwehr erhalten hierfür regelhaft Freistellungen und Lohnfortzahlungen. Dass Einsatzkräfte der Hilfsorganisation diese nicht erhalten, ist insbesondere in Hinblick auf die Gleichartigkeit der Ausbildung der Führungskräfte von Gruppenführung, Zugführung und Verbandführung gem. Feuerwehr-Dienstvorschrift 2 in keiner Weise vermittelbar.

Gleichzeitig besteht ein Mehrbedarf an Führungskräften und Rettungssanitätern in den anerkannten Hilfsorganisationen mit der Etablierung der Medical Task Forces (MTF). Überschlagsmäßig ist mit der Etablierung der MTF nur für die Bereiche der Führungsgruppe, der Behandlungsplatzbereitschaft und der Patiententransportgruppe davon auszugehen, dass die Hilfsorganisationen aus ihren bestehenden Personalstamm der Einsatzeinheiten weitere ca. 720 Rettungssanitäter, 240 Gruppenführer, 40 Zugführer und 120 Verbandführer qualifizieren werden, um die MTF konzepttreu zu stellen.

Gesetzliche Grundlagen

Die bestehenden Regelungen zu Freistellung und der Lohnfortzahlung sind geregelt in § 20 Abs. 1 und 2 BHKG. Nach § 18 Abs. 4 i. V. m. § 32 Abs. 2 BHKG sind die anerkannten Hilfsorganisationen für die Aus- und Fortbildung ihrer Führungs- und Einsatzkräfte selbst verantwortlich.

Lösungsvorschlag

– Es bedarf über die bereits geregelte Gleichgestellung eine **gesetzliche Gleichbehandlung** aller ehrenamtlichen Kräfte im Katastrophenschutz unter Einschluss von Freistellung und Lohnfortzahlung.

– Es bedarf einer landesweit einheitlichen Regelung der Kostentragung nicht nur für Übungs- und Einsatztätigkeiten, sondern darüber hinaus insbesondere auch für **alle Formen der Aus- und Fortbildung**, der **Fahrzeug- und Materialerhalt** und auf **Anordnungen durch Landesbehörden sowie für sonstige Veranstaltungen gem. § 21 Abs. 3 BHKG.**

– Die anerkannten Hilfsorganisationen benötigen einen gesetzlichen Rahmen, der ihnen die Möglichkeit einräumt, **eigenständig über die Freistellung und Lohnfortzahlung** der für eine Einsatzkräftelaufbahn notwendigen Aus- und Fortbildung zu entscheiden, ohne auf die Zustimmung und Anforderung Dritter angewiesen zu sein. Die anerkannten Hilfsorganisationen sollten die notwendige Aus- und Fortbildung selbst uneingeschränkt steuern können. Den entsprechenden Erstattungsanspruch für Lohnfortzahlung eines Arbeitgebers sollten die anerkannten Hilfsorganisationen an das Land „durchreichen" können.

– Eine **Interimslösung** bis zum Wirksamwerden einer Änderung könnte darin bestehen, dass das Innenministerium die Kreise und kreisfreien Städte anweist, Erstattungen für fortgewährten Lohnfortzahlungen anlässlich notwendiger Aus- und Fortbildungen auf Antrag aus der jährliche den Aufgabenträgern für Aufwendungen zur überörtlichen Hilfe gewährten Zuweisung in Höhe von je 30.000 Euro vorzunehmen.

Systemwechsel des Zuwendungssystems im Katastrophenschutz

Problemstellung

Das Land Nordrhein-Westfalen gewährt Zuwendungen an die anerkannten Hilfsorganisationen (ASB, DLRG, DRK, JUH und MHD) für ihre Mitwirkung bei Großeinsatzlagen und Katastrophen (K-Dotation). Zuwendungszweck ist es, mittels Ausbildung und Übungen leistungsfähige Einsatzeinheiten und Wasserrettungszüge bei den Kreisen, kreisfreien Städten und Bezirksregierungen zur Mitwirkung vorzuhalten. Die bürokratische Überlast beim Verwendungsnachweis dieser Mittel in einem stark ehrenamtlich geprägten System der anerkannten Hilfsorganisationen sowie die Unverhältnismäßigkeit dieses Verwaltungsaufwandes gegenüber dem eigentlichen Zuwendungsbetrag drängen nach einem Systemwechsel bei der Förderung.

In Nordrhein-Westfalen sind durch die örtlichen Gliederungen der anerkannten Hilfsorganisationen insgesamt 241 Einsatzeinheiten und 20 Wasserrettungszüge aufzustellen. Von diesen stellt allein das Deutsche Rote Kreuz 148 Einsatzeinheiten und zwei Wasserrettungszüge. Je Einsatzeinheit sind dabei 33 Einsatzkräfte und je Wasserrettungszug 48 Einsatzkräfte jeweils in doppelter Personalstärke auf der Grundlage von landeseinheitlichen Konzepten vorzuhalten. Dabei finanzieren die anerkannten Hilfsorganisationen neben der Aus- und Fortbildung sowie der persönlichen Schutzausstattung der ehrenamtlichen Einsatzkräften auch die Beschaffung und Unterhaltung von zahlreichen konzeptkonformen Einsatzfahrzeugen in diesem System der Gefahrenabwehr im Lande.

Auf Antrag wird die Zuwendung jährlich als Festbetrag je Einsatzeinheit mit 19.200 Euro bzw. je Wasserrettungszug mit 19.000 Euro ausgezahlt. Bewilligungsbehörde ist die Bezirksregierung. Allerdings setzt der Verbleib dieser Förderung bei der empfangenden anerkannten Hilfsorganisation nicht nur einen einfachen Verwendungsnachweis mit ergänzenden Erklärungen, in welchem Verhältnis die daraus getätigten Ausgaben für Übungen und Ausbildung zu Verwaltungsausgaben stehen, voraus.

Das Land Nordrhein-Westfalen belastet die ehrenamtlichen Führungskräfte der mitwirkenden Hilfsorganisationen und deren hauptamtlichen Unterstützungsstrukturen zusätzlich mit einer überbordenden Nachweislegung zu durchgeführten Alarmierungen, Einsätzen oder Übungen sowie der jährlichen Vorlage einer Personalliste aller 66 (Einsatzeinheit) bzw. 96 (Wasserrettungszug) Einsatzkräfte der jeweiligen Einheit. Dabei müssen für jede der 66 Funktion die dort eingesetzten Personen namentlich benannt und zu jeder Person detaillierte Angaben zum Ausbildungsstand gemacht werden (siehe angefügtes Muster). Die vorgelegten Sachberichte und Personallisten der Hilfsorganisation nimmt der für die Einheit zuständigen Kreis bzw. die kreisfreie Stadt Stellung. Schlussendlich prüft die Bezirksregierung den vorgelegten Verwendungsnachweis und die zusätzlichen Nachweisungen.

Auswirkungen dieser Prüfung sind u. a. Rückforderungen der gewährten Zuwendungen. So wird der Förderbetrag vollständig zurückgefordert, wenn die anerkannte Hilfsorganisation Teile der organisationseigenen materiellen Ausstattung, die geforderten Übungen oder vergleichbare Einsätze nicht nachweisen kann oder eine Einheit die in der Personalliste aufgeführten Mindestfunktionen nicht bereitstellen kann oder in zweifacher Besetzung über weniger als 53 Kräfte (beim Wasserrettungszug 69 Kräfte) insgesamt verfügt. Anteilige Rückforderungen der gewährten Zuwendungen werden geltend gemacht, wenn für einzelne Einsatzkräfte die vorgeschriebene Ausbildung nicht vollständig nachgewiesen werden kann.

In Hinblick auf das stark ehrenamtlich geprägte System der anerkannten Hilfsorganisation führt das bisherige Finanzierungssystem zu erheblichen Belastungen im Ehrenamt. Es ist frustrationstreibend, wenn teils aus nicht beeinflussbaren Gründen konzeptionelle zeitweilige Defizite entstehen, die zu Rückzahlungen von Zuwendungen führen. Aufgrund der Fluktuation der Ehrenamtlichen sind häufig nachrückende Helferinnen und

Helfer in Ausbildung und haben diese am Stichtag noch nicht abgeschlossen oder der Weggang einer Mindestfunktion führt zu einer kurzfristig nicht kompensierbaren Leerstelle. Beides hat erhebliche Rückzahlung des Förderbetrages zur Folge. Die Förderung des Katastrophenschutzes im Lande ist in dieser Form zu stark aufsichtsbehördlich und defizitorientiert getrieben, Beihilfe-behaftet und reduziert auf Fahrzeugertüchtigung und Qualifizierung.

Die anerkannten Hilfsorganisationen stellen als Partner der Behörden im humanitären Bereich in Nordrhein-Westfalen guten Katastrophenschutz sicher und gehen zur Sicherstellung dieser staatlichen Leistungspflicht in erheblichen Umfang in finanzielle Vorleistungen. Anders als bei den öffentlichen Feuerwehren als kommunale Einrichtung oder der Bundesanstalt Technisches Hilfswerk finanziert das Deutsche Rote Kreuz (DRK) seine Aufgaben als gemeinnütziger Verein in erster Linie durch Fundraising, Spenden und Mitgliedsbeiträge.

Die Mitwirkung des DRK im öffentlichen System der Gefahrenabwehr ist ausdrücklich nicht marktfähig und deshalb auf Zuwendungen und Entlastung durch die öffentlichen Aufgabenträger angewiesen. Unsere Mitgliedsverbände können sich nur subsidiär im Rahmen Ihrer finanziellen Möglichkeiten in das System des Bevölkerungsschutzes einbringen. Eigenbeiträge des DRK können und dürfen nicht fehlende Finanzierungen des Staates kompensieren.

Folgerichtig ist im BHKG hinsichtlich der Mitwirkung im Katastrophenschutz des Landes auch festgelegt, dass die mitwirkenden Hilfsorganisationen, die durch die vorbereitenden Maßnahmen zur Gefahrenabwehr aufgrund des BHKG entstehenden Kosten nur im Rahmen ihrer Möglichkeiten tragen.

Die Untergliederungen des DRK sind jeweils rechtlich selbständige juristische Personen, die ihre Mitwirkung im Katastrophenschutz aus ihren Eigenmitteln finanzieren müssen. Für die Kreisverbände stellt dies bereits seit Jahren eine erhebliche wirtschaftliche Herausforderung dar, die sich durch zurückgehende Spenden und Mitgliederbeiträge und die parallel stattfindenden Kostensteigerungen in den zurückliegenden Monaten noch einmal deutlich verschärft hat.

Stellt man Personal-, Verwaltung- und Ausbildungsaufwand sowie die Bewirtschaftungs-ausgaben unserer Kreisverbände für deren jeweilige Einsatzeinheiten dem Mittelzufluss aus der K-Dotation gegenüber, so schießen unserer Kreisverbände bis zu 85 % zu den jährlich aufzubringenden Kosten der Einsatzeinheit zu. Die überwiegende Anzahl der Kreisverbände bezuschussen die Einsatzeinheit aus eigenen Mitteln mit 50 Prozent und mehr der entstehenden jährlichen Kosten (zuzüglich Investitionskosten für Fahrzeuge usw.).

Nach Auffassung des DRK in Nordrhein-Westfalen brauchen wir im Katastrophen-schutz einen Systemwechsel bei der Förderung der anerkannten Hilfsorganisationen.

Gesetzliche Grundlagen

§ 18 Absatz 1 in Verbindung mit § 51 des Gesetzes über den Brandschutz, die Hilfeleis-tung und den Katastrophenschutz vom 17. Dezember 2015 (GV. NRW. S. 886) sowie nach Maßgabe der Förderrichtlinie über die Mitwirkung privater Hilfsorganisationen im Katastrophenschutz (Runderlass des Ministeriums des Innern – 34–52.03.02 – vom 14. Mai 2018) i. V. mit §§ 23 und 44 der Landeshaushaltsordnung in der Fassung der Bekanntmachung vom 26. April 1999 (GV. NRW. S. 158) in der jeweils geltenden Fas-sung sowie des Runderlasses des Ministeriums der Finanzen „Verwaltungsvorschriften zur Landeshaushaltsordnung" vom 6. Juni 2022 (MBl. NRW. S. 445) in der jeweils gel-tenden Fassung, im Folgenden VV zur LHO.

Lösungsvorschlag

Anstelle der bisher gewährten, von detaillierten Überprüfungen mit erheblichem Verwaltungsaufwand bei den Hilfsorganisationen abhängigen Zuwendung sprechen wir uns für die Gewährung einer Pauschalzahlung für das grundsätzliche Vorhalten von Strukturen zur Mitwirkung im Katastrophenschutz aus. Dies sollte in Form einer grundsätzlich verlorenen (nicht rückzahlbaren) Zuwendung mit einem vereinfachten Verwendungsnachweis erfolgen. Eine Rückzahlbarkeit sollte ausschließlich an eine nicht bestimmungsgemäße Verwendung der zugewendeten Mittel geknüpft sein.

Im Einzelnen:

1. Der Auszahlungsbetrag ist mindestens alle drei Jahre inflationsbereinigt anzu-passen.

2. Eine Pauschalzahlung für das grundsätzliche Vorhalten von Strukturen zur Mitwirkung im Katastrophenschutz ist zu gewähren. Dies sollte in Form einer grundsätzlich verlorenen (nicht rückzahlbaren) Zuwendung mit einem verein-fachten Verwendungsnachweis erfolgen.

3. Die defizitorientierte Ausrichtung mit Rückzahlungen ist zu Gunsten eines Anreizsystems abzulegen, das ein erfolgreiches Freiwilligenmanagement zur Helferbindung und -gewinnung sowie bedarfsgerechte und nachhaltige Qua-lifizierungen fördert. Eine Rückzahlbarkeit sollte ausschließlich an eine nicht bestimmungsgemäße Verwendung der zugewendeten Mittel geknüpft sein. Die Gewährung der Zuwendung an die anerkannten Hilfsorganisationen setzt oh-

nehin die Entscheidung der nach BHKG zuständigen Aufgabenträger (Kreise, kreisfreien Städte) über die allgemeine Eignung der jeweiligen Einsatzeinheiten voraus (vgl. § 18 BHKG). Zudem führen diese Aufgabeträger auch die Aufsicht über die Einsatzeinheiten aus, d. h. Personalstärke, Übungen und Einsätze sowie die Ausstattung und die personelle Situation der Einheiten unterliegt einem ständigen Monitoring. Eine weitergehende Nachweisführung ist im Sinne einer Entlastung der ehrenamtlichen Strukturen entbehrlich.

Zur Person: *Sascha Rolf Lüder,* Dr. iur., ist Leiter des Verbindungsbüros des Deutschen Roten Kreuzes bei Landtag und Landesregierung von Nordrhein-Westfalen. Er ist Lehrbeauftragter für humanitäres Völkerrecht an der Westfälischen Wilhelms-Universität Münster. Zuvor war er unter anderem als wissenschaftlicher Referent im Deutschen Verein für öffentliche und private Fürsorge in Frankfurt a. M., als Referent beim Generalbevollmächtigten der Johanniter bei der Europäischen Union in Brüssel sowie als Justiziar des Blutspendedienstes West des Deutschen Roten Kreuzes in Hagen tätig. Der Beitrag spiegelt die persönliche Einschätzung des Verfassers wider.

Pierre Thielbörger / Sascha Rolf Lüder (Hg.)

Der Ukraine-Konflikt als Herausforderung an das Völkerrecht, das Verfassungsrecht und das Verwaltungsrecht

BOCHUMER SCHRIFTEN ZUR FRIEDENSSICHERUNG UND ZUM HUMANITÄREN VÖLKERRECHT – BAND 67
2024. 134 Seiten
978-3-8305-5574-2 KARTONIERT
978-3-8305-5576-6 E-BOOK

Der russische Angriffskrieg gegen die Ukraine hat nicht nur die zwischenstaatlichen Beziehungen erschüttert, sondern wirft auch zahlreiche Fragen auf verschiedenen Ebenen des Rechts auf. Zwar steht die Völkerrechtswidrigkeit des russischen Angriffs außer Frage. In vielen Teilbereichen des nationalen und internationalen Rechts – etwa im humanitären Völkerrecht, den Menschenrechten, dem Abrüstungsrecht, dem Wirtschaftsrecht oder dem Flüchtlingsrecht – ergibt sich aber eine Vielzahl von Folgeproblemen. Darüber hinaus stellt sich die Frage, welche Möglichkeiten internationale und nationale Institutionen haben, um den Konflikt und seine Folgen bestmöglich zu bewältigen. Welche Rolle spielen Gerichte und Schiedsgerichte bei der Aufarbeitung der in der Ukraine begangenen Rechtsverstöße? Wie können Bund, Länder und Kommunen in Deutschland insgesamt dazu beitragen, die humanitären Konsequenzen des Konflikts einzudämmen?
Der Band fasst die Beiträge der am 15. November 2022 vom Institut für Friedenssicherungsrecht und Humanitäres Völkerrecht (IFHV) der Ruhr-Universität Bochum veranstalteten Konferenz zusammen.

DIE HERAUSGEBER
Pierre Thielbörger ist Inhaber des Lehrstuhls für Öffentliches Recht und Völkerrecht, insbesondere Friedenssicherungsrecht und Humanitäres Völkerrecht an der Ruhr-Universität Bochum sowie Geschäftsführender Direktor des Instituts für Friedenssicherungsrecht und Humanitäres Völkerrecht (IFHV).

Sascha Rolf Lüder ist Leiter des Verbindungsbüros des Deutschen Roten Kreuzes bei Landtag und Landesregierung von Nordrhein-Westfalen.

MIT BEITRÄGEN VON
Jona Höni & Grischa Jost | Hans-Joachim Heintze | Spyridoula Katsoni | Sabine Swoboda | Tobias Ackermann | Max Lucks | Johannes Backus | Moritz Philipp Koch | Sascha Rolf Lüder

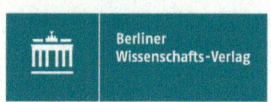

Hier bestellen:
service@steiner-verlag.de